DONGSHIHUI GOUCHENG YIZHIXING
YU JINGJI HOUGUO
YING XIANG JI ZHI YU SHI ZHENG YAN JIU

董事会构成异质性与经济后果

——影响机制与实证研究

王分棉◎著

图书在版编目（CIP）数据

董事会构成异质性与经济后果：影响机制与实证研究／王分棉著．—北京：企业管理出版社，2019.12

ISBN 978－7－5164－2070－6

Ⅰ．①董…　Ⅱ．①王…　Ⅲ．①董事会—研究　Ⅳ．①F271.5

中国版本图书馆 CIP 数据核字（2019）第 258281 号

书　　名：董事会构成异质性与经济后果：影响机制与实证研究
作　　者：王分棉
责任编辑：刘一玲　崔立凯
书　　号：ISBN 978－7－5164－2070－6
出版发行：企业管理出版社
地　　址：北京市海淀区紫竹院南路 17 号　　邮　　编：100048
网　　址：http：//www.emph.cn
电　　话：编辑部 68701322　发行部 68414644
电子信箱：80147@sina.com　zbs@emph.cn
印　　刷：北京虎彩文化传播有限公司
经　　销：新华书店
规　　格：710 毫米×1000 毫米　16 开本　12 印张　170 千字
版　　次：2019 年 12 月第 1 版　　2019 年 12 月第 1 次印刷
定　　价：38.00 元

本书系以下项目的研究成果：

国家自然科学基金项目“中国上市公司学者董事的聘请动因、影响机制及其经济后果研究”（批准号：71602034）的研究成果

对外经济贸易大学中央高校基本科研业务费专项资金“组织冗余、连锁董事与企业绩效：资源依赖的视角”（批准号：15YQ06）的研究成果

对外经济贸易大学北京企业国际化经营研究基地的研究成果

前　言

本书是国家自然科学基金项目“中国上市公司学者董事的聘请动因、影响机制及其经济后果研究”（71602034）；对外经济贸易大学中央高校基本科研业务费专项资金“组织冗余、连锁董事与企业绩效：资源依赖的视角”（15YQ06）和北京企业国际化经营研究基地资助项目的研究成果。

随着国内外学者对董事会异质性研究的深入，学者们越来越认识到董事会是一个异质性群体，是由一群异质性的董事成员构成的，而这直接影响着董事会职能的有效发挥。以往的研究较多考察了董事会异质性对企业战略决策、企业绩效等经济后果的影响，并取得了一系列的研究成果，为学者研究和分析董事会异质性对企业的影响提供了坚实的理论基础。然而现有研究在考察董事会异质性时忽略了两个问题：

一是以往研究较少关注董事会深层异质性对企业的影响。以往研究重点关注了易于观察的董事会人口特征异质性（Harrison，et al，2002），而人口特征异质性指标往往不能准确反映董事会成员认知异质性，这就很难准确揭示董事会异质性对企业战略决策的影响机制，从而导致不一致的研究结论（Lawrence，1997）。从董事会异质性产生的来源来看，除了人口特征等浅层异质性外，还包括深层异质性（Finkelstein et al.，2009），即不易观察的团队成员的特质和价值观等心理特征异质性（Harrison，et al，2002）。它能更准确地反映董事会认知异质性，然而，董事会深层异质性对企业战略的影响在以往研究中被忽略了。

二是以往研究较少关注同一群体内部之间董事个体异质性导致

的董事会异质性对企业的影响。同一类董事群体内部因不同董事个人的专业、教育水平等导致的董事个人异质性也是董事会异质性的一个重要来源，而以往研究中往往把同一类董事视为同质的，没有区别同一类董事群体内部的异质性，不同学者利用不同样本开展研究时也会得出不一样的研究结论。

综上所述，为了在深层次进一步探究董事会异质性对企业经济后果的研究，本书以董事会构成异质性为研究对象，从董事会深层异质性和同类董事个体异质性两个维度来进一步分析和考察董事会异质对企业的影响。具体来看，本书重点从上述两个维度四个方面进一步研究了董事会构成异质性对企业经济后果的影响。

第一，利用价值观差异来测度董事会深层异质性，探讨并实证检验了董事会深层异质性对战略决策的影响。本书利用价值观差异来测度董事会深层异质性，基于中国上市公司的数据，重点分析并考察了董事长与总经理的价值观差异对企业创新战略的影响。

第二，基于高阶理论和临界规模理论整合视角，探索了女性董事对慈善捐赠的影响。本书在高阶理论和临界规模理论整合视角下，研究了女性董事对企业慈善捐赠行为的影响，并重点考察了女性董事数量超过临界值后，女性董事数量对企业慈善捐赠行为的影响，进一步考察了女性董事影响企业慈善捐赠行为的边界条件。

第三，基于学者董事独特的人力资本和社会资本，探讨并考察了学者董事和“985”高校学者董事对企业国际化程度的影响。本书系统分析了学者独立董事拥有的独特的人力资本和社会资本，为理解和考察学者董事对企业国际化的影响提供了一个新视角；探讨和考察了学者董事和985高校学者董事对企业国际化程度的影响机制，为洞悉学者董事在董事会所发挥的作用提供了实证依据，从而补充了现有研究。

第四，基于董事个体异质性的视角，重点探讨并考察了不同类型海归董事对企业创新投入的影响机制及其边界条件。本书从海归董事个体异质性层面，考察了技术型海归董事和非技术型海归董事对企业创新的影响，研究结果显示真正能够促进企业创新投入的董事是拥有较强科学能力的技术型海归董事，为洞悉何种类型的海归董事能够促进企业创新提供了实证依据，也为研究同类董事个体异质性提供了经验依据。

本书的出版得到了北京企业国际化经营研究基地的资助，同时也要特别感谢基地主任张新民教授、首席专家林汉川教授为本书提出的建议和支持。本书的完成还得到了北京大学仲为国副教授、武汉大学张鸿博士等的指点和帮助，在此一并表示衷心的感谢！

由于董事会构成异质性对企业经济后果的影响尚有许多问题需要进一步探索和研究，加之本人水平有限，本书存在不足之处在所难免，恳请读者批评指正。

王分棉

2019 年 8 月于惠园

目　录

第一章　导论

一、研究背景、意义与内容

（一）研究背景

随着研究的深入，董事的经验、技能、社会资本等特征受到越来越多学者的关注（Johnson et al，2012），学者们逐渐认识到董事会不是一个同质的群体，而是由具有异质性的董事组成；董事会构成的异质性对董事会发挥其功能有着重要的影响（Baker & Anderson，2010）。Anderson et al.（2011）研究发现董事会成员背景的异质性可以为董事会带来有价值的经验、知识、资源和视角，从而提高董事会监督和咨询的有效性。大量的研究表明董事会构成及其特征对于企业公司治理、战略决策和财务绩效有着显著的影响（Adams & Ferreira，2009；Chen et al.，2014；Fich，2005；Hillman ct al.，2000，2001）。

根据高阶理论，董事会制定决策取决于他们的认知框架，而他们认知框架的形成受其价值观、教育背景、工作经验和职能背景的影响（Smith et al.，1994）。一些学者探讨并考察了董事会成员的职能背景、受教育水平、年龄与任期多元化等都对战略决策有重要影响（Bantel & Jackson，1989；Hambrick & Mason，1984），如 Hambrick et al.（1996）等提出董事会异质性是决定公司创新的重要因素，主要通过影响董事会成员分析问题的过程与制定的战略方案而最终影响企业创新绩效（Bantel & Jackson，1989），相对于同质化的董事会来说，异质化的董事会能够促进高管成员更充分和全面的分析问题，提高了综合解决问题的能力，同时从多个维度思考问题更有利于激发创新观点的形成，避免群体的惯性思维（Hambrick et al.，1996），从而有利于企业制定更加高质量的战略决策。然而，董事会异质性是双面剑，异质性可能会导致董事会成员之间产生冲突（Bantel & Jackson，1989；Hambrick et al.，1996），减少战略共识（Smith et al.，1994），从而会浪费时间和管理资源（Hambrick et al.，1996），可能会减慢战略决策过程。可见，董事会异质性对企业的影响尚未形成一致性的研究结论。

产生上述不同研究结论的主要原因在于：①以往研究重点关注了易于观察的董事会人口特征异质性（Harrison，et al，2002），而人口特征异质性指标往往不能准确反映董事会成员认知异质性，这就很难准确地揭示董事会异质性对企业战略决策的影响机制，从而导致不一致的研究结论（Lawrence，1997）。从董事会异质性产生的来源来看，除了人口特征等浅层异质性外，还包括深层异质性（Finkelstein et al.，2009），即不易观察的团队成员的特质和价值观等心理特征异质性（Harrison，et al，2002）。它能更准确地反映董事会认知异质性，然而董事会深层异质性对企业战略的影响在以往研究中被忽略了。②同一类董事群体内部因不同董事个人的专业、教育水平等导致的董事个人异质性也是董事会异质性的一个重要来源，而以往研究中往往把同一类董事视为同质的，没有区别同一类董事群体内部的异质性，不同学者利用不同样本开展研究时也会得出不一样的研究结论。

综上所述，基于理论创新与实践发展的迫切需要，本书以董事会构成异质性为研究对象，基于整体层面分析董事会核心成员董事长—总经理的价值观差异，导致的董事会深层异质性对企业创新战略的影响，然后基于董事会不同类型的董事层面，从董事个体异质性视角，分别考察了女性董事对企业慈善捐赠的影响、学者董事对企业国际化程度的影响和海归董事对企业创新投入的影响，进而在更深层次上厘清不同类型董事影响企业经济后果的内在机理。

（二）研究意义

本书的理论意义主要体现在以下三个方面：

（1）基于深层异质性层面探索了董事会异质性对企业创新战略的

影响，有助于拓展和补充董事会异质性的现有研究。以往研究集中于研究董事会浅层异质性对企业的影响，对董事会深层异质性的影响则缺乏关注，而深层异质性更能准确地反映董事会认知异质性。认知异质性在企业战略制定和实施过程中起着决定性作用。本书探究因董事会成员价值观差异导致的董事会深层异质性对企业创新战略的影响，有助于进一步深入了解董事会异质性如何影响企业创新战略，拓展和完善了董事会异质性的现有研究。

（2）构建并分析不同类型董事影响企业经济后果的作用机制及其边界条件的理论框架。董事会成员构成直接决定了董事会异质性，不同类型董事的社会资本和人力资本决定了他们能否有效发挥监督控制、战略决策和资源提供的作用，所以说拥有异质性社会资本和人力资本的不同类型董事对企业的影响机制存在差异，同时这些影响机制还会受到情境因素的影响。本书基于高阶理论和临界值理论等，建立了一个比较系统的分析不同类型董事对企业影响机制的理论框架，有利于更好的理解和认识董事会构成异质性对企业经济后果的影响。

（3）基于董事个体层面对不同董事群体的研究，有助于全面了解和把握不同类型董事影响企业的作用机制，也拓展了董事会异质性的现有研究。以往研究不同董事群体时，往往把他们视为同质的，没有区别不同董事群体个体之间的异质性，而群体内部不同类型董事对企业的作用机制是存在差异的。本书基于董事个体层面，考察了不同类型董事对企业的影响机制，有利于我们全面了解和把握不同类型董事对企业经济后果的作用机理，也补充和完善了董事会构成和董事异质性的相关研究成果。

（三）研究内容

第一章，导论。本章拟构列出本书的基本框架。主要包括：阐述本书的研究背景以及意义，介绍本书的研究内容与结构安排，在此基础上形成本书的研究思路，并提出预期创新点。

第二章，董事会构成异质性研究现状。本章对国内外董事会异质性衡量维度的研究现状进行了文献综述，并基于社会和职业因素异质性维度，重点对女性董事、学者董事和海归董事的研究现状进行了梳理和归纳，分别对国内外研究成果进行了评述。本章着眼于夯实本书的理论基础。

第三章，董事长—总经理的价值观差异与企业创新战略。囿于数据可得性，现有研究集中于考察董事会人口特征差异等浅层异质性对企业创新的影响，而对价值观差异等深层异质性的影响则缺乏关注，后者更能影响董事会在认知上的差异，进而影响企业行为。有鉴于此，本章利用价值观差异来测度董事会深层异质性，基于中国上市公司的数据，重点分析并考察了董事长与总经理的价值观差异对企业创新战略的影响。研究发现，董事长与总经理的价值观差异越大，企业研发强度就越高。进一步研究发现，在国有企业和股权集中度较高的企业，董事长与总经理的价值观差异对企业研发强度的正向影响减弱，而在组织冗余更多的企业，董事长与总经理的价值观差异对研发强度的正向影响增强。本章的贡献在于，首次探讨并实证检验了董事会成员价值观差异对战略决策的影响，拓展了高阶理论中高管价值观的相关研究；利用董事长与总经理的价值观差异测量董事会深层异质性，也拓展了董事会异质性的相关研究；还为从微观层面探索文化差异对企业战略的影响提供了新思路，也为洞悉中国区域文化对企业发展的影响提供了新的实证依据。

第四章，女性董事对企业慈善捐赠的影响分析。本章以2002—2014年中国A股上市公司为研究样本，基于高阶理论和临界规模理论研究了女性董事对企业慈善捐赠行为的影响，并运用PSM分析法和Heckman两阶段模型进行了实证检验。研究表明：相对于没有女性董事的企业，有女性董事企业的慈善捐赠显著增多，而且女性董事数量达到临界值后，女性董事数量越多，企业的慈善捐赠就越多。进一步研究发现，国有企业有女性董事及女性董事数量对慈善捐赠的影响减弱，而女性董事受教育程度越高，董事会有女性董事及女性董事数量对慈善捐赠的影响则越强。本章的研究结论在一定程度上证明了临界规模理论在中国情境中的适用性，表明女性董事拥有足够的话语权才能在慈善捐赠决策中真正发挥作用，这为洞悉女性董事是否以及如何在董事会中发挥的作用提供了一定的实证依据，也对促进企业在新时代主动担当慈善捐赠的新使命具有重要的现实意义。

第五章，学者董事对企业国际化程度的影响分析。本章基于学者董事独特的人力资本和社会资本的视角，探讨了学者董事和985高校学者董事对企业国际化程度的影响机制，并利用中国上市公司数据进行了实证检验。研究发现，学者董事对企业国际化程度没有显著影响，而985高校学者董事对企业国际化有显著正向影响。本章的研究结论为洞悉和了解学者董事在董事会所发挥的作用提供了实证依据。

第六章，海归董事对企业创新的影响分析。本章基于董事个体异质性的视角，重点探讨并考察了不同类型海归董事对企业创新投入的影响机制及其边界条件。研究发现，技术型海归董事对企业创新投入有显著的正向影响，而非技术型海归董事对企业创新没有显著影响。进一步研究发现，CEO两职合一增强了技术型海归董事对企业创新投入的正向影响，股权集中度削弱了技术型海归董事对企业创新投入的正向影响。此外，在创新活跃度高的企业，技术型海归董事对创新投入的正向影响更强，而在创新活跃度低的企业，技术型海归董事对企业创新投入没有显著影响。研究结果显示真正能够促进企业创新投入的董事是拥有较强科学能力的技术型海归董事。本章的研究结论为洞悉何种类型的海归董事能够促进企业创新提供实证依据，也为研究同类董事个体异质性提供经验证据。

二、研究思路、方法与创新

（一）研究思路

本书的研究思路如图1-1所示。

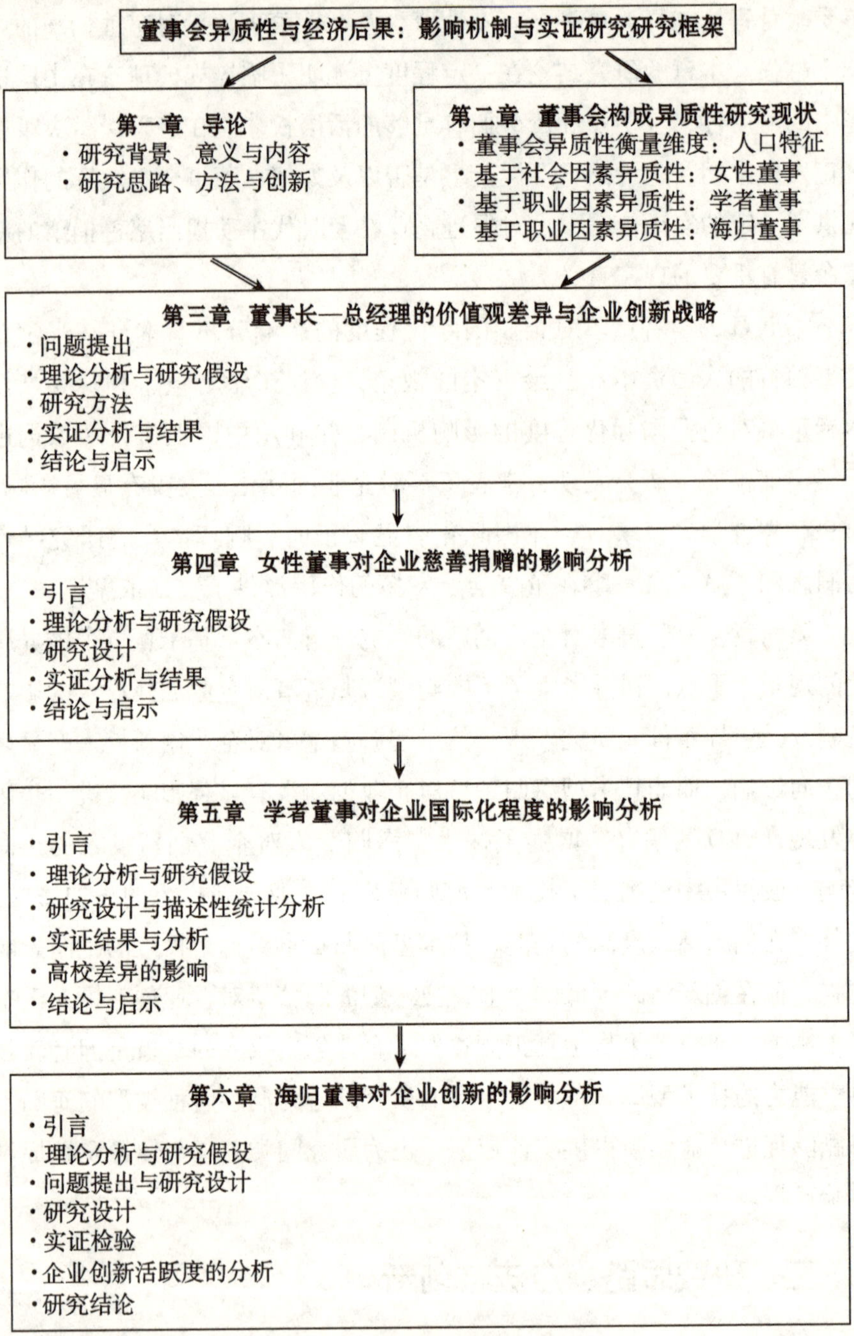

董事会异质性与经济后果：影响机制与实证研究研究框架

第一章　导论
·研究背景、意义与内容
·研究思路、方法与创新

第二章　董事会构成异质性研究现状
·董事会异质性衡量维度：人口特征
·基于社会因素异质性：女性董事
·基于职业因素异质性：学者董事
·基于职业因素异质性：海归董事

第三章　董事长—总经理的价值观差异与企业创新战略
·问题提出
·理论分析与研究假设
·研究方法
·实证分析与结果
·结论与启示

第四章　女性董事对企业慈善捐赠的影响分析
·引言
·理论分析与研究假设
·研究设计
·实证分析与结果
·结论与启示

第五章　学者董事对企业国际化程度的影响分析
·引言
·理论分析与研究假设
·研究设计与描述性统计分析
·实证结果与分析
·高校差异的影响
·结论与启示

第六章　海归董事对企业创新的影响分析
·引言
·理论分析与研究假设
·问题提出与研究设计
·研究设计
·实证检验
·企业创新活跃度的分析
·研究结论

图 1-1　本书的研究思路

（二）研究方法

本书拟采用定性研究与定量分析相结合的方法，在文献归纳整理的基础上，构建本书的理论分析框架，并利用上市公司的数据对构建的理论模型进行实证检验，采用的主要研究方法如下：

1. 文献研究与理论分析

文献演绎法的主要目的：首先，对国内外关于董事会异质性、女性董事、学者董事和海归董事相关文献进行搜集与整理，根据文献内容对所搜集的文献进行筛选，最终确定与本研究高度相关的文献资料；其次，根据筛选的结果总结出目前与本书研究内容相关的理论基础与最新研究成果，提炼出相关的研究范式与研究方法；最后，通过对总结出来的理论基础、研究成果、研究方法与范式分析，构建本书的研究框架、研究思路以及研究内容等。

2. 面板数据模型分析法与基于董事长—总经理价值观差异衡量董事会深层异质性

本书利用董事长和总经理价值观差异来衡量董事会深层异质性，基于中国上市公司的数据利用 PSM 方法，重点分析了董事长与总经理的价值观差异对企业创新战略的影响，并进一步考察影响管理自由度的要素对董事会深层异质性与企业创新战略二者关系的调节作用。

3. 面板数据模型分析法与基于高阶理论和临界规模理论整合视角下女性董事对慈善捐赠的影响

本书以 2002—2014 年中国 A 股上市公司为研究样本，基于高阶理论和临界规模理论整合视角下研究了女性董事对企业慈善捐赠行为的影响，运用 PSM 分析法和 Heckman 两阶段模型进行了实证检验；并进一步检验了国有企业和女性董事受教育程度对女性董事与慈善捐赠二者关系的调节作用。

4. Heckman 两阶段模型与学者董事对企业国际化程度的影响

本书基于 2004—2012 年中国上市公司数据，利用 Heckman 两阶段模型实证检验了学者董事及 985 高校学者董事对企业国际化程度的影响。

5. PSM 分析法与不同类型海归董事对企业创新的影响

本书利用 2005—2014 年中国上市公司数据，采用 PSM 分析法基于董事个体异质性的视角，重点探讨并考察了技术型海归董事和非技术型对企业创新投入的影响机制及其边界条件。

（三）创新之处

本书的创新之处主要体现在以下四个方面：

1. 利用价值观差异来测度董事会深层异质性，探讨并实证检验了董事会深层异质性对战略决策的影响

囿于数据可得性，以往研究集中于考察董事会人口特征差异等浅层异质性对企业创新的影响，而对价值观差异等深层异质性的影响则缺乏关注，而后者更能影响董事会成员在认知上的差异，进而影响企业行为。有鉴于此，本书利用价值观差异来测度董事会深层异质性，基于中国上市公司的数据，重点分析并考察了董事长与总经理的价值观差异对企业创新战略的影响。本书首次探讨并实证检验了董事会价值观差异对战略决策的影响，拓展了高阶理论中高管价值观的相关研究；利用董事长与总经理的价值观差异测量董事会深层异质性，也拓展了董事会异质性的相关研究；还为从微观层面探索文化差异对企业战略的影响提供了新思路，也为洞悉中国区域文化对企业发展的影响提供了新的实证依据。

2. 基于高阶理论和临界规模理论整合视角，探索了女性董事对慈善捐赠的影响

本书在高阶理论和临界规模理论整合视角下，研究了女性董事对企业慈善捐赠行为的影响，并重点考察了女性董事数量超过临界值后，女性董事数量对企业慈善捐赠行为的影响，有助于更深刻理解女性董事在慈善捐赠决策中所发挥的作用，拓展了慈善捐赠影响因素的研究；本书进一步考察了女性董事影响企业慈善捐赠行为的边界条件，检验了企业所有权性质与女性董事受教育程度对女性董事与慈善捐赠行为二者关系的调节作用，有助于明晰女性董事对企业捐赠行为的影响机理。

3. 基于学者董事独特的人力资本和社会资本，探讨并考察了学者董事和985高校学者董事对企业国际化程度的影响

学者董事在中国上市公司普遍存在，但以往研究较少关注学者董事对企业行为的影响，导致学者董事在董事会能否及如何发挥作用不甚了解，基于此，本书系统分析了学者独立董事拥有独特的人力资本和社会资本，为理解和考察学者董事对企业国际化的影响提供了一个新视角；探讨和考察了学者董事和985高校学者董事对企业国际化程度的影响机制，为洞悉学者董事在董事会所发挥的作用提供了实证依据，从而补充了现有研究。

4. 基于董事个体异质性的视角，重点探讨并考察了不同类型海归董事对企业创新投入的影响机制及其边界条件

海归人才是一个群体，群体内部因不同海归在海外求学所学专业不同会导致群体内部差异较大，即不同类型的海归拥有的异质的人力资本和社会资本，就会导致他们给企业带来的资源也存在差异，最终会对企业创新产生不同的影响。以往研究往往把海归董事视为同质的，没有区别海归董事个体之间的异质性。为了在深层次揭示海归董事影响企业创新的作用机制，本书从海归董事个体异质性层面，考察了技术型海归董事和非技术型海归董事对企业创新的影响，研究结果显示真正能够促进企业创新投入的董事是拥有较强科学能力的技术型海归董事。本书的研究结论为洞悉何种类型的海归董事，能够促进企业创新提供了实证依据，也为研究同类董事个体异质性提供了经验依据。

第二章　董事会构成异质性研究现状

随着董事会研究的深入，董事的经验、技能、社会资本等特征受到越来越多的学者关注（Johnson, et al., 2012），学者们逐渐认识到董事会成员不是一个同质的群体，而是由异质性的董事组成，董事会构成的异质性和多元性对董事会发挥其功能有着重要的影响（Baker & Anderson, 2010）。Anderson 等（2011）研究发现董事会成员背景的异质性可以为董事会带来有价值的经验、知识、资源，从而提高董事会监督和咨询的有效性。大量的研究表明董事会构成及其特征对于企业公司治理、战略决策和财务绩效有着显著的影响（Adams & Ferreira, 2009; Chen, et al., 2014; Fich, 2005; Hillman, et al., 2000, 2001）。

根据文献检索结果可知，目前关于董事会构成异质性的研究主要有三个方面：一是从董事会整体层面的研究，主要利用董事会人口统计特征的多元化来衡量董事会异质性，国内学者较多探索了董事会异质性对企业绩效、战略决策等的影响。二是基于社会因素异质性（Social heterogeneity）的研究，主要包括性别、年龄、种族、国籍等因素导致的异质性，如 Chen 等（2014）基于社会身份理论，使用美国上市公司数据实证，检验了董事会女性董事的存在对企业并购强度的影响；Masuli 等（2012）研究发现拥有外国董事的企业有利于在外国董事所在国展开跨国并购，但是外国董事对公司治理和企业绩效的净效应为负向。三是基于职业因素异质性（Occupation heterogeneity, Anderson, 2011）的研究，则着重讨论受教育程度、经验和职业化程度因素的异质性，如 Hillman 等（2000）基于资源依赖理论，提出董事职业背景的差异不仅能够为企业提供多方面的知识专长，而且可以帮助企业联结外部的重要利益相关方；Fich（2005）也发现外部董事具有多种多样的职业背景，诸如其他公司的 CEO、大学教授、银行从业人员、律师、咨询师等。

以往研究表明董事会构成异质性在很大程度上取决于董事成员的构成，而且采用不同维度衡量董事会异质性也直接影响着董事会异质性对企业经济后果产生不同的影响。基于此，本章将从董事会异质性的衡量维度、社会因素异质性和职业因素异质性三个层面（其中，社会因素异质性和职业因素异质性将重点围绕女性董事、学者董事与海归董事）来对相关研究展开梳理和归纳。

一、董事会异质性的衡量维度：人口特征

（一）董事会异质性的衡量维度分析

现有研究主要利用董事会成员人口统计特征多元化来衡量董事会异质性，而用人口特征变量替代董事认知变量是以这些人口特征变量能够准确地解释和干预认知变量的变化为前提的（Hambrick & Mason，1984；Pfeffer，1983），如 Tsui，et al.（1992）提出研究采用年龄和种族人口统计指标来界定强化个人认同的心理团队，Wiersema & Bantel（1992）提出人口特征反映了董事会成员的认知。即利用易于测量的年龄、性别和种族等人口特征衡量团队多元化，在这些人口特征指标能够准确反映董事会成员，在多大程度上共享统一的态度、价值和标准体系（Kilduff，et al.，2000）的前提下来测度董事会异质性的。所以说，鉴于直接衡量董事会认知异质性的数据很难获取，选取人口统计特征作为衡量董事会异质性的代理指标就暗含着一个假设：人口特征多元化的董事会拥有多元化和互补的技能，然而这种假设不是在所有情况下都是成立的（Priem，Lyon & Dess，1999），也就是说，高度异质化的董事会成员拥有的技能、价值观、知识不一定是互补的（Evans，1973）。

因为一些学者倾向于忽略了特定人口统计特征指标与特定认知指标之间的确切关系而将二者的关系一般化，笼统地提出团队成员的人

口特征越多元化，他们看世界的视角越多元化，而不能准确表征团队认知异质性是通过年龄多元化、任期多元化，还是职能经历多元化来呈现的呢？还是通过一些人口特征组合指标来呈现的呢？可见，笼统地利用人口统计特征来衡量董事会异质性不能够准确体现认知异质性的维度，进而很难准确揭示董事会异质性对企业战略决策及组织绩效的影响机制，所以在一般化人口统计特征与认知异质性二者关系基础上得出的董事会异质性对绩效影响的结论也会让人质疑（Lawrence，1997），如 Tsui et al.（1992）发现，与他们预期相反的是一个人与团队成员的任期与教育水平差别越大，这个人就越倾向于留在这个企业；Wiersema & Bantel（1992）也提出年龄与任期异质性对战略变革没有显著影响；Smith，et al.（1994）的研究也发现团队人口特征、团队过程与组织绩效并不像以前学者预期一样存在一种简单或直接的关系。

根据 Hambrick，et al.，（1996）的研究可知，一个异质化的团队拥有一个比较广泛的行为意向，从而能够形成多种认知和行动方案。从这个角度来看，董事会人口特征异质性可以很好地补充认知异质性而不是决定异质性（Kilduff，et al.，2000），如董事会成员年龄的异质性可能有利于提高其认知异质性，但不是因为它决定了认知异质性。此外，以往有关决策制定的研究也出现了一系列令人疑惑的结果，如人口特征同质化的团队却拥有广泛多元化的认知风格，这是因为不同人的特质偏好和性格特征产生了不同的认知差异（Rynes & Lawler，1983），也就是说人口特征同质化的董事会不一定有同质化的态度、信仰和价值观。综上，为了更好地探讨董事会异质性对战略决策的影响机制，探寻能够准确衡量和表征董事会认知异质性的测度指标则成为一个重要的问题。为了能够更为精确地衡量董事会认知指标，一些学者尝试开发出多种更为系统的管理者认知测量方法（陈守明和溏滨琦，2012），如 Kaplan（2008）利用文本分析法较准确测量了董事会成员的认知，并系统性地考察了董事会认知对组织战略选择的重要影响。

Lawrence（1997）提出可以从四个维度来衡量团队多元化：可见的人口特征属性（如性别）、关系属性（如任期）、状态属性（如婚姻状态）和个人属性（如个人信仰与知觉）。前三类都属于可观测的个人属性，第四种是不可直接观测的个人属性，以往研究往往采用前三类可观测的属性来衡量团队多元化，大多数研究却忽略了利用不可直接观测的个人属性来衡量团队多元化，Kilduff et al.，（2000）除外，他们利用不可观测的个人属性来衡量团队认知多元化，提出认知多元化是指有关相对不可观测的个人属性（如态度、价值观和信仰等）的多元化。Harrison，et al.，（2002）提出团队异质性可分为浅层异质性和深层异质性，浅层异质性是指团队成员易于观察的（如性别、种族和国籍等）人口特征差异，而深层异质性是指团队成员的特质、价值观、态度、偏好和信仰等心理特征差异。

（二）研究述评与展望

通过对董事会异质性衡量维度现有研究的系统梳理，我们总结和归纳了目前研究现状，并在现有研究基础上提出了对董事会异质性衡量维度的未来研究展望。

正如 Lawrence（1997）所言，现有研究基于四个维度对董事会异质性衡量维度进行了较为系统的探索，并展开了相关的实证检验，以往研究取得了一系列的研究成果，也为后续研究提供了坚实的研究基础。

由上述研究现状分析可知，现有研究重点关注了董事会成员易于观察的（如性别、种族和国籍等）人口特征差异，即利用浅层异质性来衡量董事会异质性；只有少量研究侧重考察了董事会成员的特质、价值观、态度、偏好和信仰等心理特征差异，即采用深层异质性来衡量董事会异质性；而采用浅层异质性和深层异质性两个不同维度来衡量董事会异质性，并进一步考察董事会异质性对企业战略决策的影响会产生不同的结果（Harrison，et al，2002），其中董事会深层异质性对企业战略决策的影响更为深刻（Organ & O’ Flaherty，2016），因为董事会深层异质性更能表征董事会成员之间的认知差异。为了可以更好地揭示和阐明董事会异质性影响企业战略决策的作用机制，后续研究需要考虑和关注基于深层异质性维度来研究董事会异质性对企业战略决策的影响。

二、基于社会因素异质性：女性董事

随着社会经济的不断进步发展，女性在全球劳动力市场中占据了越来越重要的位置，全球女性崛起备受商界和学术界关注。从全球上市公司董事会中的女性董事来看，女性董事在公司治理当中也扮演着日益重要的角色，她们在公司董事会占据席位的比例也逐步提高，使得董事会的社会因素异质性特征日益明显。国内外学者对女性董事在董事会所发挥的作用也展开了较为系统的研究，主要围绕以下四个主题：女性董事的职能、女性董事与企业绩效、女性董事与企业战略行为、女性董事与董事会多元化。

（一）女性董事的职能

随着越来越多的学者关注董事会性别多元化对商业伦理和公司治理等问题的影响（Carteret al,，2003），女性董事的作用对企业公司治理的重要性也越来越被广泛认知和关注。纵观以往研究成果，主要基于代理理论、高阶理论、社会认同理论、资源依赖理论、社会角色理论等重点考察并检验了女性董事的监督控制职能、战略决策职能和资源提供职能。

1. 女性董事的监督控制职能

早期部分学者主要基于代理理论（Jensen & Meckling，1976）提出作为董事会成员的女性董事，其主要职能是监督控制，她们更多的是在履行监督控制职能的部门任职，可以有效提高企业财务报告质量，监督企业 CEO，而且她们比男性董事有更高的董事会参会率。具体分析如下，因性别差异导致女性董事与男性董事的认知框架存在较大差异，所以与男性董事相比，她们有不同的道德推理、风险规避和对合法性的关注点，从而使得女性董事的价值观和经验对其在董事会履行监督职能产生了重要影响（Post & Byron，2015）。由于女性董事在履行监督控制职能时采用比较严格的道德标准，她们更容易判断识别出企业的不道德行为，因此，女性董事往往倾向于在上市公司的监督委员会和审计委员会任职以履行监督控制职能，而且 Cumming 等（2012）研究表明董事会中女性董事数量增加后，企业财务欺诈的可能性变得更小了，周泽将（2014）也认为女性董事的监督作用降低了外部审计监督的需求。女性董事也能够通过有效监控财务报告流程和审计流程以提高上市公司的财务报告质量，如 Srinidhi et al.（2011）提出女性董事与企业盈余质量正向相关；Gul，et al.（2011）的研究也发现女性董事显著增加了股价信息含量；此外，叶继英（2014）也得出类似结论，她发现董事会性别多样化能够提高股价信息含量，并且在盈余质量较差的公司作用更大。女性董事还可以有效监督 CEO，如 Bugejaet al（2016）发现 CEO 薪酬与董事会薪酬委员会性别多样性呈负相关关系，女性董事控制了 CEO 过多的薪酬；此外，性别多元化的董事会更倾向于认为 CEO 是上市公司股票价格下降的影响因素，从而会导致 CEO 离职（Adams & Ferreira，2009）。相对于男性董事，女性董事在参加董事会之前会进行充分的参会准备，并有更高的参会出勤率，从而能够比男性董事更好地履行监督控制职能，如 Adams & Ferreira（2004，2009）的研究表明女性董事比男性董事参加董事会的出席率要高，而且性别多元化的董事会召开会议的次数也更多，而且 Huse & Solber（2006）的研究表明女性董事可能花更多的时间为董事会会议做准备，倾注精力在董事会绩效评估。

综上所述，以往研究主要利用代理理论考察了女性董事的监督控制职能，由于认知框架的差异，相对于男性董事，女性董事在董事会更多的发挥了监督控制职能，表 2 -1 梳理归纳的相关研究成果。

表 2-1　女性董事监督控制职能的相关研究

研究理论	研究的内容	研究的结论	代表性学者
代理理论	采用比较严格的道德标准	更容易判断识别出企业的不道德行为	Pan & Sparks，2012；Franke et al. 1997；Adams & Ferreira，2004，2009；Zhu et al.，2010；Cumming et al.，2012；周泽将，2014
	监控财务报告质量	有利于提高企业财务盈余	Srinidhi et al.，2011；Gul et al.，2011；叶继英，2014
	监督 CEO	控制了 CEO 过多的薪酬；降低 CEO 的支配性；导致 CEO 离职	Bugejaet al.，2016；Bradshaw et al.，1992；Adams & Ferreira，2009
	参加董事会的出勤率	女性董事的出勤率更高	Adams & Ferreira，2004，2009；Huse & Solber，2006

2. 女性董事的战略决策职能

董事会在企业战略决策过程中扮演着重要角色（Pearce & Zahra，1991），它对公司战略决策的影响得到了越来越多的重视（谢绚丽，2011）。高阶理论（Hambrick & Mason，1984）认为，董事的认知框架存在差异，所以不同董事的经验、知识和价值观存在差异，他们获取信息和评估信息流程也因此而不同，所以不同董事的认知框架会对董事会战略决策过程产生不同影响（Hambrick，2007）。以往研究表明，相比于男性董事，女性董事在价值判断、风险导向、决策风格、领导风格等方面的特质有利于其在参与战略决策时提高决策质量（Bernasek & Shwiff，2001；Chung & Monroe，2001；Ray，2005；Trinidad & Normore，2005）。具体来看，①在价值判断方面，女性董事更可能看重相互依赖、仁慈与宽容（Adams & Funk，2012），女性比男性更加注重关怀伦理，奉行一种重视关系和责任的关怀伦理（Gilligan，1999）。②在风险导向方面，研究表明人们经常高估自己对知识的精确性，男性比女性要更加过于自信（Fischhoff, et al.，1977；Lundeberg, et al. 1994），在反馈模糊的情况下，这种过度自信会更加严重（Lenney, 1977），而过度的自信可能会导致男性主导的董事会作出风险过大的决定；祝继高等（2012）、孙亮和周琳（2016）研究都表明女性的风险规避意识有助于公司做出更稳健的决策；然而金智等（2015）的研究则表明女性董事比例越高投资效率越低。Levi et al（2014）的研究发现每增加一位女性董事，企业的投标次数减少7.6%，投标溢价减少15.4%。③在决策风格方面，女性董事更倾向于使用合作的决策方法以协调多方利益，Bart & McQueen（2013）发现女性董事在复杂道德推理（Complex Moral Reasoning）的得分显著高于男性董事，也就是说女性董事做决策时更可能会采取合作性决策方式（Adams & Funk, 2012）。④在领导风格方面，女性领导风格倾向于更加人际导向、更加民主和具有参与性（Eagly & Johnson, 1990；Pearce & Zahra, 1991；Bart & McQueen, 2013），从而可以鼓励董事会成员积极参与战略决策。此外，还有部分研究表明，由于男性董事与女性董事认知框架的差异，女性董事能够给董事会带来新的知识、思路和观点（Adams & Ferreira, 2009），从而可以获得更多元化的信息和视角，促进董事会成员对获取信息进行深入、全面的讨论（Loyd et al.，2013；Van Ginkel & Van - Knippenberg, 2008），从而提高董事会决策质量。

还有一些学者基于社会角色理论考察了女性董事的战略决策职能，根据社会角色理论（Eagly, 1987），相对于男性董事而言，女性董事天生就有同情心、关怀他人和乐于助人，更加仁慈和富有爱心。因受性别刻板印象的影响，相对于男性董事，董事会中的女性董事也更加关注企业社会责任等“软”问题（Boulouta, 2013），对于企业社会责任表现得更加敏感，其中慈善捐赠是企业履行社会责任的重要方式，她们也更倾向于参与制定慈善捐赠相关的决策。大量研究也证实了这一点，研究表明女性董事对股东责任、员工责任、环境责任、顾客责任、慈善捐赠、信息披露等都有正向影响（Catalyst, 2007；Sealy, 2008；Post,

2011；Brammer，2008；Ibrahim & angelidis，1994；Fernandez - Feijoo，2012；周泽将，2016；周煊等，2016）。

综上所述，以往研究在高阶理论和社会角色理论的框架体系下，重点考察了女性董事在董事会所发挥的战略决策职能，表2-2梳理和归纳的相关研究成果。

表2-2 女性董事战略决策职能的相关研究

研究理论	研究的内容	研究的结论	代表性学者
高阶理论	在价值判断方面	女性董事更可能看重相互依赖、仁慈与宽容	Adams & Funk，2012；Gilligan，1999
	在风险导向方面	女性的风险规避意识影响战略决策风险	Fischhoff，et al. ；1977；Lundeberg，et al.，1994；Lenney；1977；祝继高等，2012；孙亮和周琳，2016；金智等，2015；Levi et al.，2014
	在决策风格方面	有利于董事采取合作性决策方式	Bart & McQueen，2013；Adams & Funk，2012
	在领导风格方面	有利于鼓励董事会成员积极参与战略决策	Eagly & Johnson，1990；Pearce & Zahra，1991；Bart &McQueen，2013
	给董事会带来新的知识、思路和观点	促进董事会进行深入、全面的讨论，有利于提高董事会决策质量	Adams & Ferreira，2009；Loyd et al.，2013；Van Ginkel & Van - Knippenberg，2008
社会角色理论	女性角色及性别刻板印象对女性战略决策职能的影响	女性董事倾向于积极关注与参与企业履行社会责任相关的决策	Boulouta，2013；Catalyst，2007；Sealy，2008；Post，2011；Brammer，2008；Ibrahim & angelidis，1994；Fernandez - Feijoo，2012；周泽将，2016；周煊等，2016

3. 女性董事的资源提供职能

还有部分学者基于资源依赖理论（Pfeffer & Salancik，1978）提出女性董事可以为企业提供有价值的资源，资源依赖理论将董事会视为联结外部环境中关键组织、获取资源和管理外部环境不确定性的重要机制（Pfeffer & Salancik，1978），包括建议和咨询、合法性、企业与外部组织信息沟通的渠道、优先获得外部组织的资源。以往研究表明女性董事给企业提供的资源主要体现在以下四个方面：①提供建议和咨询，女性董事在市场和销售方面更具优势（Groysberg & Bell，2013），女性董事能给董事会带来关于消费者市场新的不同的观点（Bilimoria & Wheeler，2000；Campbell & Minguez－Vera，2008；Carter，et al.，2003），可以更好地满足消费者的需求；此外还有研究表明，女性董事拥有女性细分市场方面的专长和知识（Daily et al.，1999），有利于给企业战略决策带来独特的有价值的信息（Bilimoria & Wheeler，2000；Campbell & Minguez－Vera，2008；Carter，et al.，2003）。②提高企业合法性，以往研究表明，提高董事会性别多元化程度，在全球范围内上市公司都面临着来自制度、机构投资者等多方面的压力（Carter，et al.，2003；Daily & Dalton，2003；Singh，2005），而且世界各国积极采取措施推动女性进入董事会（吕英等，2015），聘请女性董事有利于提高企业的合法性（Hillman，ct al.，2007）。③帮助企业建立与外部组织沟通的渠道，以往研究表明女性董事对非工作领域和慈善以及社区服务更感兴趣（Groysberg & Bell，2013），有利于企业与外部环境建立良好的关系，从而可以提高消费者、潜在投资者等主要利益相关者的满意度（Bhattacharya & Sen，2004；LevPetrovits，& Radhakrishnan，2010；Walker & Kent，2009），进而提高企业经营绩效；此外，女性董事有利于与重要供应商建立联系（Hillman et al.，2007），因为很多机构投资者倾向于投资聘请女性董事的企业（Coffey & Fryxell，1991）。④帮助企业获得外部组织的重要资源，以往研究表明，女性董事对女性雇员，特别是女性高管而言，具有激励作用（Burgess & Tharenou，2002），有女性董事的企业被劳动市场认为是友好雇主（Sealy，2008），有利于企业吸引优秀人才；还有研究表明因女性董事促进企业与外部组织建立良好的关系也可以帮助企业从供应商和客户获取额外的商业机会（Fombrun et al.，2000；Godfrey，2005；Porter & Kramer，2002）。

综上所述，以往研究在资源依赖理论框架体系下考察了女性董事在董事会发挥的资源提供职能，剖析了女性董事给企业带来的四类资源，表2－3梳理和归纳的相关研究成果。

表2－3　女性董事资源提供职能的相关研究

研究理论	研究的内容	代表性学者
资源依赖理论	提供咨询和建议	Groysberg & Bell，2013；Bilimoria & Wheeler，2000；Campbell & Minguez－Vera，2008；Carter et al.，2003；Daily et al.，1999
	提高企业合法性	Carter et al.，2003；Daily & Dalton，2003；Singh，2005；吕英等，2015；Hillman et al.，2007；
	帮助企业建立与外部组织沟通的渠道	Groysberg & Bell，2013；（Bhattacharya & Sen，2004；LevPetrovits，& Radhakrishnan，2010；Walker & Kent，2009；Hillman et al.，2007；Coffey & Fryxell，1991
	帮助企业获得外部组织的重要资源	Burgess & Tharenou，2002；Sealy，2008；Fombrun et al.，2000；Godfrey，2005；Porter & Kramer，2002

4. 情境因素对女性董事职能的调节作用

由上述分析可知，以往研究基于不同理论从不同视角分别侧重分析了女性董事的监督控制、战略决策和资源提供职能，然而女性董事在董事会履行其职能时还会受到外部因素的影响，进而影响到其在董事会所发挥作用的效果，也就是说女性董事职能的发挥会受到外部因素的调节作用，这些外部因素主要来自国家层面、企业层面和董事会层面。①国家层面的调节因素：Post & Byron（2015）的研究表明，女性董事履行董事职能还受到制度环境和文化环境影响，能够有效保护股东权益的制度环境和女性平等的国家文化都有利于女性董事发挥监督控制和战略决策职能。周泽将（2014）的研究也发现女性独立董事的监督作用降低了外部审计监督的需求，并且这种效应随着法律环境的改善明显减弱，表明法律环境的完善对女性董事监督职能的发挥是正调节效应。②企业层面的调节因素：在家族企业和国有企业中，女性董事的监督控制职能被削弱（Ahern & Dittmar，2012；Abdullah et al.，2016），而所有权集中度有利于促进女性董事发挥监督控制职能（Morck，2000；Abdullah et al.，2016）。③董事会层面的调节因素：与以往研究结果一致（Adams & Ferreira，2009），董事会多元化程度和独立性也都可以促进女性董事有效发挥监督控制职能（Abdullah et al.，2016）。

综上所述，女性董事的监督控制、战略决策和资源提供职能所发挥的效果还会受到来自国家、企业和董事会等层面因素的影响，也就是说女性董事会职能作用的发挥存在着一定的边界条件，表 2－4 梳理和归纳的相关研究成果。

表 2－4　情境因素对女性董事职能调节作用的相关研究

研究视角	研究内容	研究结论	代表性学者
国家层面	制度环境	保护股东权益的制度环境有利于女性董事监督控制和战略决策职能的发挥	Post & Byron，2015；周泽将，2014
	文化环境	女性平等的国家文化有利于女性董事发挥监督控制和战略决策职能	Post & Byron，2013；
企业层面	所有权	家族企业和国有企业的女性董事的监督控制职能被弱化	Ahern & Dittmar，2012；Abdullah et al.，2016
	所有权集中度	所有权集中度有利于促进女性董事发挥监督控制职能	Morck，2000；Abdullah et al.，2016
董事会层面	董事会独立性和多元化程度	促进女性董事有效发挥监督控制职能	Abdullah et al.，2016

（二）女性董事与企业绩效

根据文献检索结果可知，国内外学者较多地探讨了女性董事对企业绩效的影响，并重点考察了女性董事与企业财务绩效之间的关系，但尚未得出一致性的结论（Post & Byron，2015），主要集中以下两个方面：

（1）女性董事董事对企业财务绩效的影响。①女性董事与企业绩效正相关：一些研究提出女性董事可以促进企业绩效的提高（Nguyen & Faff，2012；Singh et al.，2001），如 Adams & Ferreira（2002），Carter et al.（2003）和 Carter et al（2010）等都发现女性董事的比例与 ROA 正相关；Francoeur et al.（2007）则发现女性董事能够给企业带来超额回报；此外 Aleri（2001），Jurkusetc（2008）和 Caboetc（2009）也都发现女性董事可以提高企业财务业绩；张娜（2013）发现女性董事有利于公司业绩的提升，并且女性董事的人力资本对公司业绩有显著的积极作用。②女性董事与企业绩效负相关：还有些研究得出相反的结论，发现女性董事降低了企业的经营绩效（Darmadi，2011；Minguez - Vera & Martin，2011），如 Adams & Ferreira（2009）发现女性董事的比例与公司的托宾 Q 值存在负相关；Martin（2003）提出女性董事导致公司业绩的下降，原因在于尽管女性董事更重视对管理层的监督，但在此消耗了过多的精力而容易造成顾此失彼（Goodstem，Gautam & Boeker，1994；Westphal & Stem，2006）；况学文等（2012）和周泽将等（2014）也都发现女性董事与公司经营绩效显著负相关。③女性董事与企业绩效无关：还有些研究发现女性董事与企业经营绩效无关（Carter et al.，2010；Rose，2007；Shrader et al.，1997），如 Shrader et al.（1997）和 Zahra & Stanton（1998）都发现女性董事占比与企业利润率、总资产回报率或者净资产回报率均没有明显的关系；Kochanetc（2003）也发现女性董事比例与公司业绩之间不存在显著关系；Farrell & Hersch（2005）则发现董事会中增加一个女性对公司的资产回报率以及市值没有影响；Rose（2007）也发现董事会性别多元化对公司的 Tobin's Q 不会产生显著影响，他认为这一现象可能是女性董事比例过低，在董事会中“势单力薄”使得其作用得不到充分发挥造成的。

有关女性董事对企业财务绩效的影响之所以得出不一致的研究结论，其主要原因可能在于国内外学者只是重点关注并考察了女性董事与企业财务绩效二者之间的直接关系，而忽略了进一步剖析女性董事为什么影响以及怎样影响企业财务绩效（Finkelstein & Mooney，2003；Roberts et al.，2005；Tuggle et al.，2010）。事实上，女性董事对企业财务绩效的影响并不仅仅是正向或负向的直接关系，而是在不同情境下，女性董事影响企业财务绩效的作用机制及其作用机制的边界条件是存在差异的（Post & Byron，2015），这也是以后研究女性董事对企业财务绩效相关问题需要重点关注和解决的问题。

（2）以往研究较少关注女性董事对社会绩效的影响，相对男性董事，女性董事更加关注企业社会责任等“软”问题（Boulouta，2013），这些研究成果主要探索了女性董事对企业社会责任（Tacheva & Huse，2006）、员工责任（Sealy，2008）、信息披露（Gul et al，2012）、慈善捐赠（Williams，2003；Wang & Coffey，1992）、环境责任（Post et al.，2011）、顾客责任（Singh & Vinnicombe，2004）等方面的影响。具体如下：①女性董事提高了企业社会责任评级和社会绩效，如 Bear et al.（2010）研究发现女性董事比例与企业社会责任的制度强度评级正相关；Bernardi et al.（2009）也发现董事会中女性董事比例越高，越有可能出现在“全球最具商业道德企业”榜单；Boulouta（2013）也提出董事会性别多样性与企业社会绩效显著正相关。②女性董事有利于提高员工满意度，女性董事人际导向的、民主的领导风格带来了较高的员工满意度（吕英，2014），如 Bilimoria（2000）和 Sealy（2008）都指出女性董事有助于企业吸引外部求职者，同时也有利于留住内部员工；Lamsa & Sintone（2001）研究发现女性董事更关注他人的满意度，有利于企业提高员工满意度；此外，女性董事的存在使董事会对女性问题更加敏感，并致力于更好地解决这些问题，如女性员工晋升、产假、性骚扰等问题（Burke，1977；Bell et al.，2002）。③女性董事有利于提高企业信息披露质量，董事会因女性董事带来新的观点和信息提高了董事会讨论的质量，进而提高了董事会监督公司信息披露的能力（Gul et al.，2012），如 Gul et al.（2012）实证经验支持了女性董事有助于企业增加股价信息含量；Fernadez－Feijoo et al.（2012）研究发现拥有 3 名及以上女性董事的企业信息披露质量明显高于其他企业。④女性董事有利于促进企业的慈善捐赠，女性董事更加注重自身责任与义务，也更愿意付出时间进行现金捐赠（Einolf，2011；Kamas et al.，2008；Piper & Schnepf，2008；Mesch，2011；Leslie et al.，2012）。此外，Wang & Coffey（1992），Willmas（2003），周煊等（2016）和周泽将（2014）也都在经验上支持了女性董事对企业慈善捐赠水平有显著正向影响。⑤女性董事对企业的环境责任有正向影响，以往研究表明女性比男性更关注察觉到的健康和环境风险（Davidson & Freudenburg，1996；Bord & O'Connor，1997），女性比男性更可能表现出环境友好的态度和行为（Mainieri et al.，1997），如 Post et al.（2011）研究发现有 3 名及以上女性董事参与的公司的 KLD 环境优势得分显著高于其他公司。⑥女性董事可以更好地了解顾客需求，有利于提供顾客满意度，以往研究表明每个国家 60% 的消费都是女性决策的，所以女性董事能够更好地理解消费者的需求（Bilimoria，1995；Sweetman，1996；Drury，1996）。企业倾向于聘请女性董事将公司文化变得更具顾客导向（Singh & Vinnicombe，2004），此外，Brammer et al.（2008）研究发现在与最终消费者越接近的行业，女性董事对企业声誉的正向影响越显著。

综上可知，女性董事对企业财务绩效的影响作用尚未得出一致性结论，产生此问题的根本原因在于以往研究更多关注二者的直接关系，而较少在深层次剖析女性董事对企业财务绩效的影响机理及实现路径。当前女性董事影响企业社会绩效的研究成果相对较少，可能的原因在于有关社会绩效的衡量方法尚存在争议，而且相关数据的获取也存在一定的困难。在表 2－5 中本章梳理和归纳了以往研究对女性董事与企业绩效关系的相关研究成果。

表 2－5　女性董事与企业绩效的相关研究

<table>
<tr><th colspan="2">研究主题</th><th>研究结论</th><th>代表性研究</th></tr>
<tr><td colspan="2" rowspan="3">女性董事对财务绩效的影响</td><td>女性董事与企业绩效正相关</td><td>Nguyen & Faff, 2012; Singh et al., 2001; Adams & Ferreira, 2002; Carter et al., 2003; Carter et al., 2010; Aleri, 2001; Jurkusetc, 2008; Caboetc, 2009; 张娜, 2013</td></tr>
<tr><td>女性董事与企业绩效负相关</td><td>Darmadi, 2011; Minguez - Vera & Martin, 2011; Adams & Ferreira, 2009; Martin, 2003; Goodstem, Gautam & Boeker, 1994; Westphal & Stem, 2006; 况学文等, 2012; 和周泽将等, 2014</td></tr>
<tr><td>女性董事与企业绩效无关</td><td>Carter et al., 2010; Rose, 2007; Shrader et al., 1997; Zahra & Stanton, 1998; Kochanetc, 2003; Farrell & Hersch, 2005</td></tr>
<tr><td rowspan="6">女性董事对社会绩效的影响</td><td>社会责任</td><td>提高了企业社会责任评级和社会绩效</td><td>Bear et al., 2010; Bernardi et al., 2009; Boulouta, 2013</td></tr>
<tr><td>员工责任</td><td>有利于提高员工满意度</td><td>Bilimoria, 2000; Sealy, 2008; Lamsa & Sintone（2001; Burke, 1977; Bell et al., 2002</td></tr>
<tr><td>信息披露</td><td>有利于提高企业信息披露质量</td><td>Gul et al., 2012; Fernadez－Feijoo et al., 2012</td></tr>
<tr><td>慈善捐赠</td><td>利于促进企业的慈善捐赠</td><td>Einolf, 2011; Kamas et al., 2008; Piper & Schnepf, 2008; Mesch, 2011; Leslie et al., 2012; Wang & Coffey, 1992), Willmas, 2003); 周煊等, 2016; 周泽将, 2014</td></tr>
<tr><td>环境责任</td><td>对企业的环境责任有正向影响</td><td>Post et al., 2011</td></tr>
<tr><td>顾客责任</td><td>有利于提供顾客满意度</td><td>Bilimoria, 1995; Sweetman, 1996; Drury, 1996; Singh & Vinnicombe, 2004; Brammer et al., 2008</td></tr>
</table>

（三）女性董事与企业战略行为

由文献检索结果可知，以往研究较多地考察了女性董事对企业绩效的影响（Post & Byron，2015；Chen et al.，2016），但较少关注女性董事对企业战略行为的影响（Chen et al., 2016）。此外，以往研究重点关注了董事会是否有女性董事对企业战略决策的影响，而较少关注女性董事在董事会如何发挥作用来影响企业战略（Nilsen & Huse, 2010），仅有较少的学者考察了女性董事对企业并购战略和多元化战略的影响，如 Nilsen & Huse（2010）研究发现女性董事通过给企业决策过程贡献专业经验和独特价值来影响企业的战略；Chen et al.（2016）和 Levi et al.（2014）都考察了女性董事对企业并购的影响，Levi et al.（2014）研究发现有女性董事的企业不倾向于进行并购，或企业进行较低的溢价并购；Chen et al.（2016）的研究也得出类似结论，他们发现女性董事对企业并购的数量和交易价值都有显著的负向作用。还有部分学者考察了女性董事对企业多元化战略的影响，如 Hillman et al.（2007）提出随着企业多元化业务的开展，企业对外部环境依赖范围的增加，聘请女性董事对企业应对来自不同外部环境的利益相关者变得更加重要，所以实施多元化战略的企业倾向于聘请女性董事，此外 Chatman et al.（1998）也提出于性别多元化的董事会能够提供更加多元化的知识、经验和外部资源，有益于企业的成长和多元化战略；周泽将等（2015）利用中国上市公司的数据考察了女性董事与企业多元化的关系，研究发现女性董事，尤其是女性非独立董事，显著降低了企业经营的多元化程度。

综上所述，当前国内外学者对女性董事影响企业战略行为的研究相对较少，只有少数学者利用社会角色理论、社会认同理论、高阶理论和资源依赖理论对该问题进行了实证考察，更是少有研究深入系统地分析女性董事影响企业战略行为的作用机制及其实现路径，这些问题都有待以后展开进一步的系统分析，进而可以更好地理解和把握女性董事对企业战略行为的影响机制。在表 2－6 中本章梳理和归纳了国内外学者对女性董事与企业战略关系的相关研究成果。

表 2-6 女性董事对企业战略行为影响的相关研究

研究理论	研究内容	研究结论	代表学者
社会认同理论	并购战略	对企业并购的数量和交易价值都有显著的负向影响	Nilsen & Huse，2010
高阶理论	并购战略	对企业并购有显著的负向影响	Chen et al.，2016
资源依赖理论	多元化战略	女性董事有利于企业实施多元化战略	Levi et al.，2014
高阶理论	多元化战略	显著降低了企业经营的多元化程度	Hillman et al.，2007；Chatman et al.，1998

（四）女性董事与董事会多元化

根据文献检索结果可知，以往关于女性董事与董事会多元化的研究主要集中在三个方面：

1. **董事会性别多元化的影响因素**

以往研究表明影响董事会性别多元化的因素主要包括在表 2-7 所示的内容。

表 2-7 董事会性别多元化的相关研究

研究主题	研究视角	研究内容	代表学者
董事会性别多元化的影响因素	高阶理论	个体认知能力的局限性	Adams & Ferreira，2009；Zelechowski，2004
	资源依赖理论	获取外部资源	Hillman et al.，2007；Shrader，1997；Peterson & Philpot，2007；Mattis，2000
	利益相关者理论	不同利益相关者的诉求	刘绪光和李维安，2010；Bilimoria，2000；Brown et al.，2002
	制度理论	制度环境的影响	Grosvold & Brammer，2011；Terjesen & Singh，2008；Nelson & Levesque，2007

（1）个体认知能力的局限性。由于个体的认知能力与判断过程具有局限性（Hambrick & Snow，1977），而个体的态度、认知能力在人群样本中不是随机分布的，而是按照年龄、性别和种族等人口统计特征呈现显著的系统分布（Robinson & Dechant，1997），所以说董事会性别多元化是企业对个体认知局限性的有效应对，女性董事能够给董事会带来新的知识、思路和观点（Adams & Ferreira，2009；Zelechowski，2004）。

（2）获取外部资源。企业所处环境复杂性和不确定性日益要求董事会构成多元化，董事会成员就是企业连接外部依赖资源主要的连接机制（Hillman et al，2007），通过聘请一个有价值的，或者能够影响或连接外部资源的董事，企业就可以获取有价值的资源，降低对外部资源的依赖（Pfeffer & Salancik，1978）。如 Shrader（1997）认为女性董事是企业的一种关键资源，她们拥有的人力资本为董事会的决策提供了多元化视角；Peterson & Philpot（2007）提出董事会在提名女性董事任职时会考虑其承载的资源纽带，如美国公司偏好“高端女士”担任本公司的董事，从而向外界发送一种彰显本公司实力的积极信号（Mattis，2000），而且女性董事可以给企业带来重要供应商（Hillman et al.，2007）。

（3）不同利益相关者的诉求。以往研究表明，提升董事会多元化程度可以更好地体现公司不同利益相关者的利益诉求，如果一个企业的女职员较多或者以女性顾客为主，而董事会全部是男性董事，则董事会一定会受到利益相关者的质询（刘绪光和李维安，2010）。此外 Bilimoria（2000）和 Brown et al.（2002）的研究都提出机构投资者促进了董事会性别多元化程度。

（4）制度环境的影响。如 Grosvold & Brammer（2011）发现基于市场力量立法规制系统的国家董事会性别多元化程度比较高，而且国家文化对女性董事数量也产生了显著影响；Terjesen & Singh（2008）研究发现在女性董事比例较高的国家中，女性担任公司高管的比例也较高；Nelson & Levesque（2007）也分析了制度因素对于高成长型公司以及 IPO 公司的女性董事构成的影响，但没有进行实证考察。

2. 董事会性别多元化对企业绩效的影响

以往研究表明董事会性别多元化对企业绩效的影响也尚未得出一致性的结论，主要集中在以下三个方面，如表2－8所示。

表2－8　董事会多元化对企业绩效影响的相关研究

研究主题	研究结论	代表学者
董事会性别多元化对企业绩效的影响	正向影响	Carter et al，2003；Erhardt et al，2003；Campbell et al.，2008；Catalyst，2004，2007
	负向影响	Shrader et al.，1997；Tacheva，2006；Adams & Ferreira，2009
	无显著影响	Kochanetc，2003；Rose，2007；Miller &Triana，2009；Luckerath－Rovers & Mijntje，2013

（1）正向影响。部分学者发现董事会性别多元化程度能够促进提高企业绩效，如Carter et al.（2003），Erhardt et al（2003），Campbell et al.（2008）都发现董事会性别多元化程度对企业经营绩效有正向影响；此外，Catalyst（2004，2007）的研究结果表明：董事会性别多元化程度高的企业经营绩效都高于董事会性别多元化程度低的企业。

（2）负向影响。部分学者提出董事会性别多元化程度对企业绩效有负向影响，如Shrader et al.（1997），Tacheva（2006）和Adams & Ferreira（2009）发现女性董事比例与公司绩效负相关。

（3）无显著影响。还有部分学者发现董事会性别多元化程度对企业绩效没有显著影响，如Kochanetc（2003），Rose（2007），Miller & Triana（2009），Luckerath－Rovers & Mijntje（2013）则都研究发现女性董事比例与财务绩效二者没有显著关系。

3. 董事会性别多元化对公司治理的影响

董事会构成的性别多元化已经成为公司治理的重要问题（Tyson，2003），以往研究成果主要集中在以下三个方面，如表2－9所示。

表2-9 董事会多元化对公司治理的影响的相关研究

研究主题	研究内容	代表学者
董事会性别多元化对公司治理的影响	对组织激励的影响	Adams & Ferreira，2004；Adams & Ferreira，2009
	对董事会决策的影响	Loyd et al.，2013；Pearce & Zahra，1991；Milliken & Martins，1996；Letendre，2004
	对履行社会责任的影响	Daily et al.，1999；Williams，2003；Fletcher，2000

（1）对组织激励的影响。Adams & Ferreira（2004）提出性别多元化的董事会倾向于为董事设计绩效导向的薪酬契约，Adams & Ferreira（2009）则发现在女性董事比例高的公司中，总经理离职对于公司股票绩效更为敏感。

（2）对董事会决策的影响。以往研究表明，董事会性别多元化程度对企业决策的影响也存在较大争议，没有形成一致性的研究结论，部分研究认为董事会多元化程度越高，越有利于董事会在决策过程中展开深入、全面的讨论（Loyd et al，2013），从而提高董事会决策质量。也有研究表明董事会性别多元化也会引发董事会更多的争论和冲突（Pearce & Zahra，1991；Milliken & Martins，1996；Letendre，2004），从而导致董事会决策效率降低，会议次数增多（Adams & Ferreira，2009）。

（3）对履行社会责任的影响。多元化程度高的董事会更有能力确保董事会与外部利益相关者的有效沟通，有利于企业更好地履行社会责任，如Daily et al（1999）和Williams（2003）都发现女性董事比例与公司对社区和文化活动的慈善捐赠存在相关关系；Fletcher（2000）发现当董事会有三个或三个以上的女性董事时，会更注重顾客满意度、员工满意度、性别的平衡、创新以及企业的社会责任。

（五）研究述评与展望

通过对国内外研究“女性董事的职能”“女性董事与企业绩效”“女性董事与企业战略行为”和“女性董事与董事会多元化”四个方面的综述分析可知，国外学者对女性董事进行了深入、多视角的系统研究，形成了比较完善和丰富的理论体系，他们基于代理理论、资源依赖理论、高阶理论、社会认同理论、社会角色理论等分析了女性董事的相关问题，探讨和考察了女性董事的职能及其对企业绩效和企业战略行为的影响。这一系列研究成果为研究中国情境下的女性董事对企业的影响机制提供了坚实的理论基础，相关实证研究结果也有助于我们更深刻地理解女性董事所发挥作用的机制和条件。国内学者对女性董事也进行了较多的考察，一些学者在学习、消化、吸收国外相关理论的同时，结合中国的国情，探索和考察了女性董事对企业绩效的影响，也取得了一系列优秀的研究成果。然而，以往有关女性董事的研究需要进一步的深入研究与探讨。

（1）以往研究重点考察了女性董事对企业绩效的影响，而较少关注其对企业战略行为的影响。他们主要基于代理理论、资源依赖理论、社会认同理论和社会分类理论探讨了女性董事的职能，并重点考察与检验了女性董事对企业财务绩效的影响，但未形成一致性研究结论。此外，当前研究还较少关注并深入剖析女性董事如何发挥作用来影响企业的战略行为，而且以往研究女性董事对影响企业战略行为的作用机制和实现过程讨论不够，也就是说在管理学关注的核心问题上，尚未展开深入、系统的研究。这一问题需要我们进一步探索和挖掘女性董事影响企业战略的因果链，重点考察女性董事影响企业战略作用机制的实现过程和路径，以剖析女性董事影响企业战略的作用机理，从而可以在深层次上阐释与明晰女性董事在董事会履行其职能的作用机理。

（2）以往研究重点分析并检验了女性董事与企业财务绩效二者之间的关系，而忽略了对女性董事如何影响企业财务绩效的分析与考察。以往研究主要从不同视角并利用不同的估计方法，得出不同的研究结论。由于在实证检验时很难获取一手数据，以往研究主要基于二手数据检验有无女性董事与企业绩效的关系，而对女性董事影响企业绩效的作用机制和实现过程讨论不足，这一问题也有待展开进一步的深入研究，探索与挖掘女性董事影响企业财务绩效的因果链，进而在深层次揭示其作用机制及其边界条件，这将会在一定程度上解释当前研究结论不一致产生的原因。此外，由于上市公司聘请女性董事时可能会产生自选择偏误的内生性问题，而以往研究在检验女性董事对企业绩效影响时没有较好地解决内生性问题，导致回归结果失真而难以明晰二者的因果关系。

（3）中国情境下女性董事对企业的影响机制有待进一步深入研究。由上述文献综述可知，当前关于女性董事的现有研究主要基于美国等西方国家企业展开的，仅有少数研究采用美国之外的样本公司，对中国等新兴市场国家关注更少。因为不同国家的上市公司所面临的法律环境、经济环境、政治环境和社会文化环境都存在着巨大差异，这就会导致美国以外国家的上市公司董事会与美国的上市公司董事会存在较大的差异，尤其是在上市公司的公司外部治理机制相对较弱的中国，女性董事对企业公司治理的影响机制将有别于美国，所以在中国情境下，研究女性董事对企业公司治理的影响机制不能直接照搬西方理论。女性董事在中国上市公司董事会究竟发挥了什么作用？发挥作用的作用机理为何？这些问题的解决都需要结合中国情境来构建比较完善的理论分析框架。越来越多的中国上市公司董事会聘请了女性董事，这也为进一步深入研究女性董事如何发挥其职能及其作用机理提供了研究平台和研究机会，来自中国等新兴市场国家的实证证据和研究成果也将进一步完善女性董事的相关研究。

三、基于职业因素异质性：学者董事

董事会一直是管理、会计、金融等领域的学者密切关注的研究问题之一（Johnson et al.，2012），以往大量的研究围绕董事会的构成、特征、结构和过程（Zahra & Pearce，1989），以及董事的控制、咨询和资源提供等职能（Jonathan et al.，1996）产生了很多高质量的成果。虽然关于什么样的董事会最有利于企业的发展，什么样的成员能够组成有效的董事会，学术界仍然存在较多争议，但是学者们在董事会的构成及其特征会对企业的经济后果产生的影响上已经达成共识。随着对董事会相关研究的推进，学者们逐渐意识到董事成员并不是一个同质化的群体，他们在人口特征、经验、技能等个人特质方面存在很大的差异，而董事们的经验、专业、知识、声誉、技能、社会关系等直接影响着他们履行董事职能的能力，而这种能力的大小则取决于董事的人力资本和社会资本（Hillman & Dalziel，2003），所以董事成员的个人特质被普遍认为是影响企业选择董事的重要因素（Olson & Adams，2004）。

现有研究较多关注了来自政府、企业和银行等组织的独立董事，较少关注来自高校及科研院所的学者董事，而现实中学者董事已成为董事会构成的重要成员，他们在董事会所发挥的作用是值得深入研究的。目前，专门针对学者董事的研究才刚刚兴起（Cho et al.，2015；Francis et al.，2015），很多实践和理论问题有待解决，如针对当前国内外上市公司普遍存在的学者董事现象到底是否合理，是否符合企业和行业整体发展需要，学术界并没有给出足够深入和有说服力的解答。另外，学者董事在董事会中究竟发挥着什么作用，目前也尚未定论。现有研究主要从代理成本理论的视角对学者董事的监督控制职能进行探索，较多关注学者董事与公司治理、企业绩效的直接关系，而忽略了学者董事的其他职能，也较少讨论学者董事影响企业的作用机制和实现过程，进而不能全面认知学者董事在董事会中所发挥的作用，更不能厘清学者董事对企业的影响机制。此外，现有研究经常把职业背景相同的董事视为同质的，没有区别相同职业背景的董事个体之间的人力资本和社会资本存在的差异。这种差异会导致不同董事给企业带来不同的价值（Lester et al.，2008），换言之，每一位学者董事拥有的人力资本和社会资本直接影响着其履行监督控制、战略决策和资源提供的能力。那么，学者董事在董事会究竟发挥着什么职能？学者董事能否为企业带来价值以及带来什么价值？对企业产生了什么影响及其作用机制？学者董事对中国上市公司治理具有什么现实意义？这些问题亟须相关理论探讨和扎实的实证研究。

本章尝试梳理近年来对学者董事的相关研究，从学者董事与董事会构成异质性，学者董事的监督控制、战略决策和资源提供职能，学者董事对企业经济后果的影响等三个方面对现有的文献进行总结，在此基础上，我们提出一个学者董事的整合性研究框架，最后结合中国实践和研究的现状，指出现有研究的主要特点和未来的研究方向。本章基于对公司治理研究发展和相关理论的整体把握，对学者董事这一研究主题的前瞻洞察，将有助于我们更加清晰和全面地了解当前学者董事的研究现状、特点和未来的研究机会，推动国内学者对学者董事相关研究的进展。

（一）董事会构成的异质性与学者董事

从已有的文献来看，较多的学者重点考察了具有财务金融从业背景（Gner，2008；Jensen & Zajac，2004）和政府背景的董事（Agrawal & Knoeber，2001；Chizema et al.，2014；Lester et al.，2008；佘玉苗等，2015），而较少对其他职业背景的董事展开系统性的研究。这与具有上述两类职业背景的董事在董事群体所占的比例较高有很大的关系（Baker & Anderson，2010；Chhaochharia & Grinstein，2007）。

近年来学者研究发现，除金融从业背景和政府背景的董事在董事会占比很高外，来自高校等学术机构的学者董事（academic board director）占比也很高。Francis 等（2015）指出从 1998 年到 2011 年，标准普尔（S & P）1500 家公司中接近 40% 的上市公司董事会成员中至少有一位是教授。而 Wei 等（2007）则指出在中国，学者董事占据了外部董事总量的 46%。然而针对学者董事这一不可忽视的董事群体的研究却屈指可数（Cho et al.，2015；Francis et al.，2015），一些学者只是近两年才开始重点关注学者董事群体，关于学者董事在董事会究竟发挥了什么职能及其对企业经济后果的影响，尚未形成一致性的结论。

（二）学者董事的监督控制、战略决策和资源提供职能

学者董事作为上市公司董事群体的主要成员，近年来越来越受到专

家学者的关注。现有研究基于代理理论、高阶理论、战略决策视角和资源依赖理论以及知识管理和组织学习视角，重点探讨了学者董事的监督控制职能、战略决策职能和资源提供职能。

1. **学者董事的监督控制职能**

基于代理理论的研究认为作为董事会成员的学者董事的主要职能是监督控制。经济学、金融学领域的学者对董事会的研究大部分基于代理理论（Jensen & Meckling，1976），他们认为随着企业所有权和经营权的分离，企业管理者作为企业所有者的代理人（agent）存在自利动机和信息优势，董事会的首要职能就是代表委托人（principals）监督和控制管理者的行为，降低代理成本。学者董事能否胜任监督控制职能，以往研究还存在争论。部分研究认为学者董事经历了强调独立思考和批判性思考的学术训练，遇到问题有自己的见解和判断，不容易被他人的意见左右（Jiang & Murphy，2007），这对学者董事发挥监督控制职能十分重要。董事会通常不参与企业日常经营，对高管的监督很大程度上依赖于对财务数据的分析判断，受过财务会计专业训练的学者董事比其他独立董事更能够发挥财务监督作用（Huang et al.，2016），因为财务会计相关领域的学者董事拥有完善的财务会计专业知识和扎实的财会理论功底，在履行董事监督控制职能时能够对企业的财务数据进行分析判断，敏锐地察觉出企业可能存在的财务信息问题，进而有效发挥财务监督控制作用（Huang et al.，2016）。此外，财务会计领域的学者董事可以利用自己的专业知识在审计委员会担任重要的职位，有效监控财务报告流程和审计流程，提高财务报告质量，因为审计委员会成员的财务知识是制约盈余管理的一个重要因素（Xie et al.，2003）。

还有部分研究认为，相对于其他董事来说，学者董事担任独立董事的收入占其总收入比例较高，而且很多学者董事在大学等研究机构担任行政职务，这就可能导致学者董事与外部企业高管建立私人联系（Francis et al.，2015），这些因素都会削弱学者董事的独立性。此外，White 等（2014）指出很多学者董事因校友关系受 CEO 或董事会主席邀请任职董事，这些因素都在很大程度上影响了学者董事发挥监督控制职能的有效性。另外，担任学校行政职务或者同时担任多家企业独董的学者董事会因过于忙碌而疏于对企业的关注和监督（Fich & Shivdasani，2007；Hoitash，2011）。表 2－10 总结了国外对学者董事监督控制职能的相关研究。

表 2－10　学者董事监督控制职能的相关研究

研究视角	研究观点	研究内容	研究结论	代表学者
代理理论	学者董事能有效发挥监督职能	独立思考能力	独立性强，不容易被他人的意见左右，有利于发挥监督作用	Jiang & Murphy，2007
		专业技能	受过财务会计专业训练的学者董事比其他独立董事更能够发挥财务监督作用	Huang et al.，2016
	学者董事不能有效发挥监督职能	学者董事的独立性被削弱	收入等因素会削弱学者董事的独立性，不利于发挥监督职能	Francis et al.，2015
		与企业高层的校友关系	与企业高层有校友关系的学者董事不利于发挥监督职能	White et al.，2014
		忙碌程度	担任学校行政职务或者同时担任多家企业独董的学者董事会因过于忙碌而疏于对企业的关注和监督	Fich & Shivdasani，2007；Hoitash，2011

资料来源：根据相关文献资料整理。

2. **学者董事的战略决策职能**

基于高阶理论和战略决策视角的研究则提出学者董事在企业战略决策过程中扮演着重要角色。基于高阶理论（Hambrick & Mason，1984）以及战略决策视角（Child，1972）的战略领导力研究将董事会视为一个战略决策群体（Forbes & Milliken，1999）。其中高阶理论强调企业高层的经验、价值观和性格等影响了其对外部环境的认知和解读，进而会影响企业战略及其绩效（Hambrick & Mason，1984；Hambrick，2007）。以往研究表明，除了高管团队（TMT）外，企业董事会成员不仅可以通过参与、批准重大决策对企业战略及其绩效产生直接影响（Geletkanycz & Hambrick，1997），还可以通过咨询建议以及选举更换CEO对企业战略和绩效产生间接影响（Carpenter & Westphal，2001；Westphal & Fredrickson，2001）。然而，目前现有研究对学者董事是否能够有效促进董事会战略决策也尚未形成一致性的结论，如表2－11所示。

表2－11　学者董事战略决策职能的相关研究

研究观点	研究视角	研究内容	研究结论	代表学者
学者董事能有效发挥战略决策职能	战略决策视角	董事会异质性	增加董事会整体的知识和技能，从而可以获得更多的信息和视角，促进提高决策质量	Peterson & Philpot，2009；Forbes & Milliken，1999
	高阶理论	学者自身特征	学者董事的“质疑”、理论知识和管理可以促进董事会提高决策质量	Maher & Munro，2000；Jiang & Murphy，2007；Peterson & Philpot，2009
学者董事不能有效发挥战略决策职能	战略决策视角	董事会异质性	异质性高的董事会因沟通障碍导致的信息交换不充分，对战略决策产生不利影响	Forbes & Milliken，1999
	高阶理论	学者自身特征	学者董事对企业运营不熟悉会限制其在战略决策中发挥的作用	Forbes & Milliken，1999
			学者董事对企业实际情况关注不够，也不利于其发挥战略决策作用	Francis et al.，2015

资料来源：根据相关文献资料整理。

部分学者提出学者董事有利于董事会提高决策质量。关于学者董事对董事会决策过程的影响主要集中在以下两个方面：一是聘请学者董事提高了董事会异质性，如 Peterson 和 Philpot（2009）认为从事学术研究创造性活动、服务于非营利性组织的学者董事与其他来自业界的非学者董事存在很大的差异，聘任学者董事能够大大提高董事会构成的多元性；Forbes 和 Milliken（1999）指出聘任学者董事带来的工作背景多元性，能够增加董事会整体的知识和技能，从而可以获得更多元化的信息和视角。二是基于学者自身特征的研究，如在 Maher 和 Munro（2000）对加拿大高管的访谈中，一名加拿大企业 CEO 指出学者董事善于在企业面临问题时提出"正确的疑问"（"right questions"），这些"正确的疑问"有利于高管提高决策质量；Jiang 和 Murphy（2007）指出与基于经验决策的高管不同，具有学术背景的高管能够借助理论来帮助自己克服认知能力的不足，从而可以更有效地处理复杂的和具有高度不确定性的决策问题。此外，在学术机构担任管理职务的学者也会面临很多类似企业高管决策时面临的问题，这些管理经验有利于提高学者董事的决策能力（Peterson & Philpot，2009）。

还有一些学者则认为学者董事并不能很好地促进董事会决策。首先，学者董事为董事会带来的职业背景多元性并不一定是好事，因为多元化职业背景的董事会可能面临着因缺乏行话、术语等"共同语言"而导致沟通障碍（Forbes & Milliken，1999），学者董事熟悉的学术概念与行业管理人员熟悉的业界行话显然存在较大的不同，沟通障碍导致的信息交换不充分会对战略决策产生不利影响。其次，从学者自身特征来看，虽然学者董事受过严格的学术训练，在一些专业领域具备专长，但是专业领域知识需要与企业特有知识（firm - specific knowledge）的有效结合，才能在决策中发挥所长（Forbes & Milliken，1999），因为大部分学者董事是独立董事，他们对企业的发展情况未必了解得非常透彻，这就限制了其促进董事会决策作用的发挥。此外，学者董事可能因为职业习惯，分析问题时侧重于学术严谨性与理论上的解决方案，而对企业在实际情况下可以采取的行动关注不足，这样的认知偏见也不利于学者董事参与战略决策（Francis et al.，2015）。

然而随着公司复杂性增加，公司战略决策涉及面更广，面临的不确定性更大，进行战略决策时所需的信息更多，也更复杂，信息的搜寻成本变得更高，从而导致战略决策变得更加困难。在企业制定战略决策的情境下，相对于其他董事而言，学者董事，尤其是来自经济管理领域的学者董事，对企业就更有价值（Boone et al.，2007；Coles et al.，2008；Linck et al.，2008）。因为：①这些学者董事攻读学位时接受的理论训练以及在高校或科研院所开展科学研究的内容都与企业经营、组织管理密切相关，他们对企业以及企业所处环境非常熟悉，可以利用自身的专业知识为企业战略决策提供指导意见；②经济管理领域的尤其是商学院的学者在教学过程中经常接触大量的企业管理人员，如 MBA 项目、EMBA 项目、EDP 项目等，这些经历可以帮助经济管理领域的学者董事更详细、更深入地了解和掌握企业实际情况，将理论和实践有效结合，从而更有利于他们在董事会参与战略决策时发挥自身专业特长、理论洞见和知识优势。

3. 学者董事的资源提供职能

基于资源依赖理论的研究则提出学者董事可以为企业提供有价值的资源，而基于知识管理和组织学习视角的研究则认为学者董事可以为企业提供科学知识，从而有利于企业提高吸收能力，如表 2－12 所示。

表 2－12　学者董事资源提供职能的相关研究

研究视角	研究内容	研究结论	代表学者
资源依赖理论	学者董事的人力资本和社会资本	学者董事可以为企业提供非商业视角的问题解决方案、影响社区的群体、代表供需市场外的利益以及提供合法性	Hillman et al.，2000
	学者董事与学术社群和学生群体的个人纽带	帮助企业与大学建立研发战略联盟，招收高质量员工，建立企业与社区沟通的桥梁	Maher & Munro，2000；Peterson & Philpot，2009

续表

研究视角	研究内容	研究结论	代表学者
知识管理和组织学习	学者董事对企业创新的影响	聘任学者提高企业吸收能力	Audretsch & Lehmann，2006
	学者董事的咨询角色	给企业带来三个好处：知识转移；向资本市场和资源市场发出企业研究质量的优质信号；引导企业的R&D方向	Audretsch & Stephan，1996

资料来源：根据相关文献资料整理。

资源依赖理论将董事会视为联结外部环境中关键组织、获取资源和管理外部环境不确定性的重要机制（Pfeffer & Salancik，1978）。Pfeffer & Salancik（1978）提出董事给企业带来的价值包括：①建议和咨询；②合法性；③企业与外部组织信息沟通的渠道；④优先获得外部组织支持。Hillman等（2000）。基于Pfeffer和Salancik（1978）提出的资源提供作用将董事划分为四类：①内部人士，如企业在职或已退休的管理人员；②商业专家，如其他营利组织的管理者；③支持性专家，如律师、银行家等；④社区影响者，如政治领袖、大学教员等。Hillman等（2000）认为包含学者董事在内的社区影响者可以为企业提供非商业视角的问题解决方案、影响社区的群体、代表供需市场外的利益以及提供合法性。目前基于资源依赖理论专门对学者董事进行探讨的研究还比较少。Maher和Munro（2000）提出学者董事与学术社群和学生群体的个人纽带对企业而言是宝贵的资源，这一纽带可以帮助企业与大学建立诸如合作研发之类的战略联盟，从大学毕业生中招收高质量员工，同时学者自身的专业性和良好声誉也可以成为企业与社区沟通的桥梁，如环境保护敏感性高行业的企业，可以通过聘任生物学专家来处理企业与社区和环境保护者的关系（Peterson & Philpot，2009）。

知识是企业获得核心竞争力的重要资源之一（Conner & Prahalad，1996）。学者董事还可以提高企业对外部知识的吸收能力，从而提高企业创新能力。基于知识管理（Grant，1996；Kogut & Zander，1992）和组织学习（Cohen & Levinthal，1990）的企业创新对企业获取和保持竞争优势十分关键，企业自身所拥有的专家力量和人力资本都是有限的，这就要求企业要善于通过与大学等非盈利组织建立合作研发关系，进而利用外部知识（Bereskin et al.，2015）。怎样开发利用外部知识是提高企业创新能力的重要组成部分，而识别、吸收和利用外部知识的能力很大程度上取决于企业已有的相关知识存量，而这些知识存量就包括了对相应领域科学和技术最新发展的了解（Cohen & Levinthal，1990）。Cohen 和 Levinthal（1990）的经典研究指出企业可以通过加大研发（R&D）投入来提高吸收能力（absorptive capacity），而近年来有关大学—产业知识转移（University - to - Industry knowledge transfer）的文献指出企业与学术社群的联结对企业识别和利用学术知识起着关键性作用，聘任学者可以成为提高企业吸收能力的一种新途径（Audretsch & Lehmann，2006）。Colombo 等（2010）研究发现当地大学对学者建立的新创高科技企业增长有显著正向影响，而对其他新创高科技企业的影响则不显著。Audretsch 和 Lehmann（2006）基于高科技企业数据研究发现，企业聘请学者董事的概率与企业与研究导向型大学的地理距离成正比。Audretsch 和 Stephan（1996）指出学者在生物科技企业担任的咨询角色可以给企业带来三个好处：①知识转移；②向资本市场和资源市场发出企业研究质量的优质信号；③引导企业的 R&D 方向。科学知识能够成为企业进行技术搜索（technological search）的地图，帮助企业更有效地发现新的技术组合，减少无效路径（Fleming & Sorenson，2004）。所以说，具备前沿科学知识的学者董事有助于企业获取科学知识，进而提高创新能力。

（三）学者董事对企业经济后果的影响

目前关于学者董事影响企业经济后果的研究还十分有限，现有研究主要讨论了企业聘请学者董事的前因以及对企业财务绩效、社会绩效和创新绩效的影响。White 等（2014）的研究发现美国上市公司小指数和中型指数的公司相比大公司更倾向于聘任学者董事，而市场对不同类型的教授被任命为董事的反映并不相同，总体而言，市场对自然科学、医药和工程专业背景的教授反映较好。Francis 等（2015）使用标准普尔（S&P）1500 家公司 1998—2011 年数据研究发现大公司和高研发强度的公司更倾向于聘请学者董事，此外公司与大学的地理距离、董事会规模、独立董事数量、女性和年长董事数量等因素也影响公司聘请学者董事的行为。Francis 等（2015）还进一步研究了学者董事在控制和咨询职能上的表现，实证结果表明学者董事对公司治理和企业经济绩效有着显著的正向影响。Cho 等（2015）基于标准普尔（S&P）1500 家公司数据，研究了聘请学者董事的公司在履行企业社会责任（CSR）方面的表现，实证结果表明，相比其他公司，董事会中有学者董事的公司有更好的履行企业社会责任表现，但是这一显著影响仅局限于董事会中有自然科学、医药和工程等专业性学术背景的学者董事，此外学者董事在大学担任行政职务也会削弱这一影响。Huang 等（2016）基于中国上市公司存在普遍聘请学者董事的现象，研究了会计学者作为财务专家加入公司董事会对企业财务报告质量的影响，实证结果表明会计学者董事对公司财务报告质量的提高有显著正向影响。

除了以上几篇专门研究学者董事的文献外，还有一些研究也涉及了学者董事。如 Jiang 和 Murphy（2007）的研究也发现曾担任过商学院教授的高管对企业绩效有显著的正向影响。Audretsch 和 Stephan（1996）则提出在高科技和知识密集型行业，具备科学知识、科学技能和人力资本的董事可以提高企业的吸收能力（Cohen & Levinthal，1990），促进企业对外部知识的吸收（Audretsch & Lehmann，2006），从而有利于提高企业的创新绩效。

（四）学者董事的一个整合性研究框架

综上所述，现有学者董事的研究还存在一些不足：①现有研究主要基于学者董事个人层面探讨了其对企业的影响，没有综合考虑学者董事对董事团队的影响，或结合企业层面因素深入分析学者董事对企业的影响；②现有研究对学者董事职能的研究尚未建立一个系统分析框架，不同的研究基于不同的理论和假设分别探讨了学者董事的职能，往往得出不一致的研究结论，而且也较少关注学者董事职能发挥的前提条件；③现有研究较多关注学者董事对企业绩效的直接影响，较少考察学者董事影响企业的作用机制及其实现路径和边界条件。

针对学者董事研究现有的不足，参考 Boivie 等（2016）对董事研究的分析框架，本章尝试构建一个较为系统的研究框架，从董事个人、董事团队和企业三个分析层面构建了一个学者董事的整合性研究框架，旨在厘清现有文献已经涉及的逻辑链条，并在现有研究的基础上勾画出未来有待研究的逻辑关系。

从董事个人层面来看，学者董事职能的发挥主要受到两个关键要素的影响：一是学者董事所具有的人力资本和社会资本决定了学者董事是否有能力发挥董事职能，具体来看，学者董事的人力资本是他个人经验、知识、技能和声望的有机结合（Colemanet al.，1988）；学者董事的社会资本则是他通过自身社会网络为企业提供实际和潜在资源的能力（Nahapietet al.，1998），由于二者之间存在相互依存的关系，很难将它们完全分离开来（Hillmanet al.，2003；马连福等，2014）。二是学者董事发挥董事职能的动机决定了他是否有意愿发挥董事职能，以下一系列的个人因素都可能会影响学者董事的职能发挥，包括本职工作的要求、本职工作的复杂性以及董事工作和本职工作的差异性等（Boivie，2016）。担任董事工作作为学者的一份业界兼职，分配多少精力和时间在上面，直接影响其在董事会所发挥的作用。已有研究表明，同时担任多家公司的独立董事，或者在学校担任行政职务的学者董事实际上不利于其董事职能的有效发挥。此外，大学等研究机构往往对学者在研究、教学和其他服务性事务上有要求，这些工作的复杂程度将影响学者作为董事处理公司事务的时间和精力投入；此外，企业运营管理不同于学术研究，对学者董事个人的知识和能力有着不同的要求，两种工作的差异性程度也会影响学者董事是否能够有效履行董事职能。

从董事团队层面来看，董事会作为一个不定期进行重大战略决策的精英群体（Forbes & Milliken，1999），董事会的规模、董事会召开的频率、董事会的组成以及社会规范和权力的动态性等都可能影响学者董事发挥作用。以往的研究指出，董事会规模越大，董事间越难以有效地分享和协调信息，从而导致董事之间产生摩擦或出现搭便车行为。此外，学者董事所带来的知识和洞见未必能够得到其他董事的认可，同时比较忙碌的学者董事也可能缺少在董事会发挥更大作用的动机。董事会召开频率直接影响了董事们作为一个团队的互动多少，根据接触假设（contact hypothesis，Allport，1954），团队成员互动越频繁，彼此间越容易产生信任等积极的情感，减少摩擦。同时更多的互动，能够在团队内形成共同知识，团队成员彼此间更熟悉对方的知识和技能，将有助于集体决策。此外，董事会召开越频繁，学者董事越可能融入董事团队中，他们带来的异质性知识和专长也更容易被董事会采纳。董事会构成的多元化程度也会对学者董事职能的发挥产生较大影响，来自高校或科研机构的学者董事显然与来自企业、银行或政府等机构具有财务背景、咨询背景或其他行业背景的董事存在较大差异，这些差异一方面可以给董事会带来异质性的知识和观点，有利于提高决策质量；另一方面也可能因为董事成员之间彼此沟通不畅，进而产生更多的摩擦和冲突，不利于提高决策质量，未来研究需要进一步探索董事会异质性提高决策质量的边界条件，并发掘减少董事会异质性带来摩擦和冲突的机制和方法。此外，董事会中的社会规范也是影响学者董事发挥作用的重要因素，本章讨论的社会规范（social norm）指被群体成员理解，并指引和限制其社会行为，不同于法律强制力的规则和标准（Cialdini & Trist，1998）。以往研究发现，一些董事会存在遵从 CEO 的社会规范（Lorsch & Maclver，1989），而这些规范的存在会限制学者董事在董事会表达自己的意见，从而限制其知识优势的发挥。最后，以往研究表明 CEO 的权力也是影响董事发挥作用的重要因素，权力较大的 CEO 可以通过聘任新的董事、改变董事会委员会组成和干预董事会议程等方式影响董事会职能的发挥，因此，CEO 的权力也可能成为影响学者董事发挥董事职能的重要因素之一。

从企业层面来看，由于企业所面临的市场环境及其战略决策的复杂性，因此，对学者董事拥有的知识和能力也有所不同。企业面临的环境越复杂，企业的规模越大，企业涉足的行业越多，往往意味着高管团队和董事会面临的战略决策问题也更为复杂，因此企业进行战略决策时不仅要求学者董事具备相关专业、相关行业等通用性知识（general knowledge)，还要求学者董事具备企业专有性知识（firm specific knowledge)，即学者董事需要对企业的发展历史、组织运作、制度文化等有比较深入的了解，只有掌握相关的通用性知识和企业专有性知识的学者董事，才能够针对企业具体的情况，结合自身的知识和经验，在参与企业战略决策时提出有价值的意见和建议。

综合三个分析层面提到的诸多因素，以及前面对学者董事监督控制、战略决策和资源控制三大职能的讨论，我们可以梳理出学者董事对企业经济后果的影响路径和边界条件，形成一个整合性的研究框架，如图 2－1 所示。

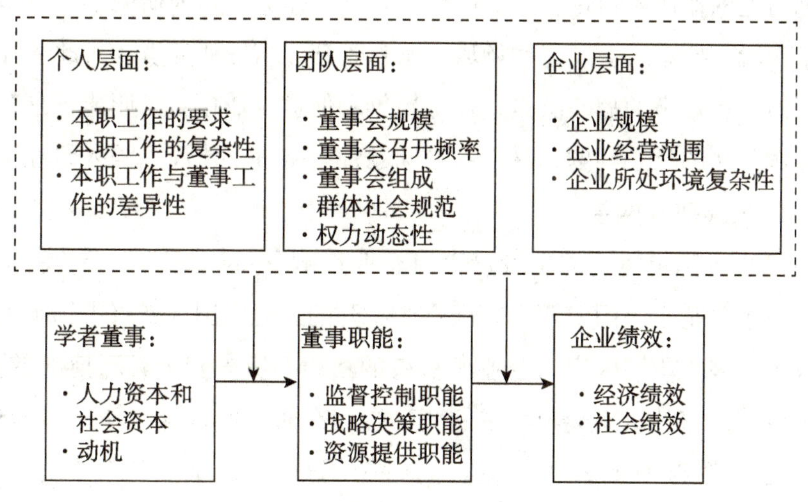

图 2－1　学者董事整合性的研究框架

（五）研究述评与展望

通过对现有学者董事研究的系统梳理，我们总结和归纳了目前关于学者董事的研究现状及特点，并在现有研究基础上提出了对学者董事的未来研究展望。

1. 学者董事的研究现状及特点

（1）目前专门研究学者董事的文献还十分有限。从现有文献看，发表在国际重要期刊的论文主要在近3年才逐渐增多，但总数相比研究政治背景董事、金融背景董事的文献仍然显得很少。此外，目前的研究对学者董事在董事会中发挥的作用以及对企业经济后果影响的研究结论存在很大分歧，这一分歧的存在很大程度是因为研究学者董事的系统性的知识体系尚未形成，需要更多的理论探索和实证检验。中国上市公司普遍存在的学者董事，为进一步开展理论探索和实证考察提供了研究平台，也提出了迫切要求，来自中国等新兴市场国家的实证经验有利于推动整个学者董事研究的发展和成熟。

（2）现有关于学者董事的研究，主要集中在会计金融领域，基于代理理论探讨了学者董事的监督职能，而对其战略决策、资源提供和促进创新上的作用则讨论较少。由于学科间的差异，目前研究学者董事的专家学者主要来自会计金融领域，来自管理领域的研究者却对此关注很少，而学者董事的战略决策、资源提供和促进企业创新的职能正是管理学领域关注的核心问题，这一系列问题都有待进一步展开深入研究。

2. 未来研究展望

（1）中国情境下的学者董事对企业影响分析。现有关于学者董事的研究主要基于美国等西方国家企业展开的，对中国等新兴市场国家关注太少。因为不同国家的企业所根植的法律、历史和金融环境的差异，美国以外国家的董事会与美国的董事会存在较大的差异（Roe，1993）。而在具有“尊师重教”传统，同时公司外部治理机制较弱的中国（Johnson et al.，2000），学者对企业的影响将有别于美国，所以在中国情境下，研究学者董事对企业的影响机制不能直接照搬西方理论。走出象牙塔，走入公司董事会的中国学者会发挥怎样的作用？学者董事能否给中国上市公司带来价值以及带来什么价值？会对中国上市公司产生怎样的影响以及影响机制是什么？这些问题都是值得我们结合中国情境展开进一步的理论探索和实证考察的。

（2）基于董事个体异质性探索企业聘请学者董事的动因。以往研究较少关注董事会中的学者董事，对企业聘请学者董事的动因也尚未进行较深入的探索，更是较少关注来自相同职业背景的董事个体之间的差异，这些差异既会影响学者能否进入董事会，也会影响其在董事会中发挥的作用。除了少数研究关注了学者董事个体层面的异质性外（White et al.，2014），大部分研究并没有给予足够的关注。未来的研究可以多关注学者董事个体之间的异质性，基于董事个体异质性探索学者董事拥有的人力资本和社会资本对企业聘请学者担任董事的影响，一方面有助于在更深层次理解董事异质性；另一方面还为深刻认识和理解学者董事的职能提供了重要依据，有助于全面了解学者董事影响企业的作用机制。

（3）学者董事影响企业的作用机制和路径。以往研究学者董事对影响企业的作用机制和实现过程讨论不够。与大部分讨论董事会构成与特征的研究一样，由于一手数据的获取难度，大部分学者董事研究主要基于二手数据检验、有无学者董事与表征公司治理和企业绩效等变量的关系，而对其中的作用机制和实现过程讨论不足。未来研究需要我们进一步探索和挖掘学者董事影响企业的因果链，重点考察学者董事影响企业作用机制的实现过程和路径，以剖析学者董事影响企业的作用机理。

（4）学者董事影响企业作用机制的边界条件。以往研究对董事会特征（董事会的构成、结构和过程）、高管团队特征、制度因素等影响学者董事发挥其作用的权变因素考虑不足。学者董事所拥有的人力资本和社会资本需要在一定的条件下才能对企业战略和绩效产生影响，对情境因素产生影响认识的缺乏不利于我们形成研究学者董事较完整的知识体系，而忽略情境因素对学者董事影响所发挥的作用的考察，也不利于我们构建系统的研究学者董事影响企业的理论分析框架。基于目前学者董事研究存在的不足，本章构建了一个整合性研究框架，为将来的学者董事研究从多理论视角、多分析层次展开系统性研究提供了借鉴和启示。

四、基于职业因素异质性：海归董事

高阶理论（Upper Echelons Theory）认为，高管人员的知识结构、价值观和心理偏好等因素反映了他们的认知差异，从而决定了他们对公司目前面临的形势、所处的环境的理解，也影响了他们分析问题和解决问题的方式方法。因此这种个体差异产生的认知偏差在企业的战略抉择中发挥着重要作用，并最终影响企业的绩效和产出（Hambrick & Mason, 1984）。已有研究表明，行业背景（Hambrick et al., 1996）、教育程度（Barkema & Shvyrkov, 2007）、职能背景（Tuggle et al., 2010）等特征在很大程度上构成个体的认知基础，是影响其行为决策的重要因素。

随着越来越多的国内企业积极走出国门开拓海外市场，企业越来越倾向于聘请拥有海外工作经验或教育背景的“海归”来担任董事，海外背景董事一般具有国际化视野，更了解国际市场，也更懂得海外企业的运营管理，所以说，聘请海外背景董事有利于提高董事会异质性。本章通过梳理和归纳研究海外背景董事或高管的相关文献发现，以往研究探索了海外背景董事或高管对企业的影响，研究成果主要集中在以下几个方面：

（一）海归董事对企业国际化经营的影响

国内外较多的学者探讨了海外背景董事对企业国际化经营的影响，但研究结论尚未达成一致，如 Rivas，Hamori & Mayo（2009）的研究表明董事的海外工作经验对企业国际化程度有显著正向影响，而 Barroso et al.（2011）的研究却发现海外背景董事对企业国际化程度的影响不显著；刘传志等（2017）、周建等（2013）和李自杰等（2010）的研究则都发现海外背景董事有利于提高中国企业国际化程度。此外，Masulis & Mobbs（2011）指出，企业聘请海外背景董事有助于企业实施跨国兼并与收购，他们研究发现当企业聘请了来自被收购企业所在国的董事时，企业跨国并购的成功率会得到很大程度的提升，最终会促进企业海外市场绩效的提高。

（二）海外背景董事对企业绩效的影响

部分学者研究了海外背景董事对企业绩效的影响，如 Fischer & Reuber（1997），Sambharya（1995）研究都指出海外背景高管显著促进了企业海外市场绩效的提高；王雪莉等（2013）的研究表明海外背景的高管显著提高了中国信息技术行业上市公司的短期绩效、长期绩效、创新绩效和海外绩效；魏刚（2007）研究也表明具有海外背景的独立董事与企业的经营业绩存在明显的正相关关系。Giannetti 等（2015）提出企业海归高管有利于将先进管理经验和知识带到本土市场，他们的研究表明公司海归董事在董事会席位的比例越高，企业的盈利能力和企业估值也越高。

（三）海外背景董事在董事会履行的监督职能

还有一些学者探讨了海外背景董事在董事会履行的监督职能，但他们能否有效发挥监督职能尚未形成一致性的结论。部分学者提出海外背景董事不能发挥监督职能，如 Coval & Moskowitz（2001）以美国上市公司为研究对象，研究发现海外背景董事在董事会不能有效发挥监督职能；而 Reese & Weisback（2002）则认为聘请来自发达国家的海外董事有助于提高公司治理水平。还有一些学者发现海外背景董事可以发挥监督职能，如王德宏等（2018）研究发现海外背景董事可以促进提高企业的信息透明度，从而可以降低中国上市公司股价崩盘风险。具有海外背景的独立董事还可以影响上市公司审计决策，更可能聘请大规模的会计师事务所进行年报审计，获得更加公开、公正的审计结果，从而提高了会计信息的有效性（王裕、任杰，2015），而且具有海外背景的董事更倾向于保护中小股东的利益（王裕、许年行，2014）。

（四）海外背景董事对企业创新的影响

还有部分学者探讨了海外背景董事对企业创新的影响，提出海归董事因在海外学习或工作经历中积累了先进的技术和经验，拥有较高的人力资本，回国后加入国内企业董事会会产生显著的技术扩散效应（Alfaroet al.，2003），如罗思平和余永达（2012）的研究表明有海外教育背景或工作经历的企业高管具备国际视野，他们可以显著地提高企业的技术创新能力；陈怡安和杨河清（2013）的研究也表明“海归”回流对中国技术进步有显著的正向影响，但产生的技术溢出效应东部最强，其次是中部，再次是西部；宋建波和文雯（2016）发现海外背景董事促进了企业的专利申请；刘凤朝等（2017）的研究也表明有海外背景高管在高管团队中的占比越高，企业申请的专利就越多；周泽将等（2014）以创业板企业为研究样本，研究发现海归高管积极促进了企业的创新投入。

（五）研究述评与展望

通过对现有海归董事研究的系统梳理，我们总结和归纳了目前关于海归董事的研究现状及特点，并在现有研究基础上提出了对海归董事的未来研究展望。

现有研究海归董事对企业国际化经营、经营绩效和企业创新的影响进行了较为系统的探索；还有学者研究了海归董事的监督职能，以往研究取得了一系列的研究成果，也为后续研究提供了坚实的研究基础。

然而，海归董事作为一个群体，群体内部因不同海归所学专业不同会导致海归个体差异较大，也就是说，不同类型的海归拥有的异质的人力资本和社会资本，就会导致他们给企业带来的资源也存在较大的差异，那么不同董事因个人知识和技能方面的差异会对董事会治理效率的影响存在显著差异。然而以往研究往往把海归董事视为同质的，没有区别海归董事个体之间的异质性，所以后续研究需要考虑海归董事异质性对企业影响的差异性。

第三章　董事长—总经理的价值观差异与企业创新战略

一、问题提出

在党的十九大报告中，习近平总书记再次明确提出，创新是引领发展的第一动力，是建设现代化经济体系的战略支撑。这意味着，创新已经摆在了关系国家发展全局的核心位置。如何利用新知识资源，进行自主创新，成为中国实施创新驱动战略亟须解决的重大问题。企业自主创新的主体是“企业家”，企业家的核心职能不是经营或管理，而是创新（熊彼特，1990）。创新是资源要素的重新组合，不同的企业家由于知识、经验、能力、价值观、观念的不同，对资源如何组合都有不同的认识，进而有不同的战略选择，导致企业的创新存在显著差异。正如高阶理论指出那样，企业创新作为一种战略决策，受到高管有限理性与认知模式的制约，他们的认知框架在企业创新战略制定和实施过程中起着决定性作用（Qian et al.，2013；Smith et al.，1994）。

也正是如此，学界对董事会构成的异质性在企业创新中的作用进行了深入而广泛的研究（Hambrick，2007；Hambrick & Mason，1984；王雪莉等，2013）。以往研究主要是把董事会人口特征异质性作为董事会认知异质性的代理指标（Hambrick & Mason，1984）来展开的。归纳起来，主要形成了以下两种不同的观点：①一些学者提出董事会异质性带来了多元化的观点和信息（Carpenter，2002），能够促进董事会充分和全面地分析问题，同时从多个维度思考问题有利于产生更新颖的观点，避免群体思维（Hambrick et al.，1996），企业更具有创新性（Hambrick，2007）；②另一些学者则提出董事会异质性不利于企业创新，因为异质性可能会导致团队成员之间产生冲突（Bantel & Jackson，1989；Hambrick et al.，1996），减少战略共识（Smith et al.，1994），从而会浪费时间和管理资源（Hambrick et al.，1996），减缓创新战略决策过程或阻碍创新想法的实施（Ahuja et al.，2008）。

产生上述不同研究结论的主要原因在于：①有关董事会构成有多种界定标准（Finkelstein et al.，2009），不同界定标准会导致董事会异质性存在较大差异，从而得出不同的研究结论。正如 Flatt（1992）的研究表明，不同标准界定的董事会人口特征对企业创新的影响结果存在显著差异。②以往研究重点关注了董事会浅层异质性对创新战略的影响，即易于观察的人口特征异质性（Harrison，et al，2002），而浅层异质性指标往往不能准确反映团队成员认知异质性，这就很难准确揭示董事会异质性对企业战略决策的影响机制，从而导致不一致的研究结论（Lawrence，1997）。从董事会异质性产生的来源来看，除了浅层异质性外，还包括深层异质性（Finkelstein et al.，2009），即不易观察的团队成员的特质和价值观等心理特征异质性（Harrison，et al，2002），它能更准确地反映董事会认知异质性，然而董事会深层异质性对企业战略的影响在以往研究中被忽略了。鉴于此，本章试图探究因成员价值观差异导致的董事会深层异质性是否影响企业创新战略，这对进一步深入了解董事会如何影响企业创新战略具有重要的理论和现实意义。

本章利用董事长与总经理的价值观差异衡量董事会深层异质性，分析并考察其对企业创新战略的影响。

第一，本章聚焦于董事长与总经理构成的中国企业中最基本和最显著的董事会成员（Kato & Long，2006），他们是组织中占主导地位的权力联盟，影响甚至决定着企业的重大战略决策（张建君和张闫龙，2016）。

第二，近年来国外学术界愈发关注 CEO 价值观对企业战略的影响，如 Chin et al（2013），Chin & Semadeni（2017）和 Gupta et al（2017）等采用党派（民主党或共和党）来测度 CEO 价值观，产生了一系列有价值的研究成果。受这些研究的启发，在中国情境下，本章利用董事长与总经理成长的区域文化环境特征来测度其价值观差异。董事长与总经理的价值观形成于其成长的社会环境，而且中国区域文化源远流长且差异很大（戴亦一等，2016），其价值观必然深深印刻着区域文化烙印。

第三，董事会对战略决策的影响还会受到管理自由度等情境因素的影响，因此，本章还进一步考察了影响管理自由度的要素对董事会深层异质性与企业创新战略二者关系的调节作用。研究发现：①董事长与总经理的价值观差异越大，企业的研发强度越高；②国有企业削弱了董事长与总经理的价值观差异与企业研发强度的正相关关系；③组织冗余增强了董事长与总经理的价值观差异和企业研发强度的正相关关系；④股权集中度增强了董事长与总经理的价值观差异和企业研发强度的正相关关系。

本章的贡献在于：①首次探讨并考察了董事长与总经理价值观差异对创新战略的影响，实证结果表明董事会价值观差异对企业创新战略有重要影响，这拓展了高阶理论中高管价值观的相关研究；②利用董事长与总经理的价值观差异来衡量董事会深层异质性，拓展了董事会异质性对企业战略影响的研究；③从微观层面考察了文化差异对企业创新战略的影响，本章以中国A股上市公司为研究样本，可有效控制因国家制度特征不同而导致的内生性，有利于更准确的洞悉文化差异性对企业战略的影响。

二、理论分析与研究假设

价值观影响高管制定战略决策的作用机制主要通过两个渠道来实现：行为渠道（behavior channeling）和认知过滤（perceptual filtering，Chin，Hambrick，& Treviño，2013；England，1967；Finkelstein，et al.，2009）。

（1）从行为渠道来看，董事长与总经理的价值观直接影响企业战略选择。董事长与总经理在进行战略决策时，他们的价值观直接影响对不同企业方案的权衡和取舍，最终他们会选择符合其价值观的战略方案。

（2）从认知过滤来看，董事长与总经理的价值观间接影响着企业战略选择。董事长与总经理在制定战略决策时会对外部环境进行扫描与关注，他们的价值观作为战略图式（schema）影响着其关注的内容及对新信息的获取度（Daft & Weick，1984），他们会有选择性的搜集符合他们价值观的信息，然后以与其价值观一致的方式来感知和解读获取的信息，心理学家把这种信息感知和解读过程称为“动机认知”过程（Higgins & Molden，2003），也就是说高管只是看到了他们想看到的，听到了他们想听到的（Weick，1979）。此外，他们的价值观也会影响其对不同战略选择方案潜在结果的衡量。可见，董事长与总经理的价值观通过认知过滤来影响他们在制定战略决策时的关注焦点、视野范围、对新信息的获取度和解读方式，以及对战略备选方案的权衡，进而影响着企业战略决策（Cyert & March，1963；Hambrick & Mason，1984）。

作为制定企业战略决策的最核心董事会成员，董事长和总经理的价值观差异导致的董事会异质性是深层异质性，能够准确反映董事会的认知异质性。董事长与总经理的价值观差异越大，他们的认知异质性越高，结果选择偏好异质性也越高，越有利于企业获得更多创新机会，制定高质量的创新战略，降低创新风险，从而越有利于促进企业开展创新活动，增加创新投入，企业的研发强度就越高。具体分析如下：

第一，董事长与总经理的价值观差异给董事会带来了多元化的关注焦点，有利于扩大董事会的视野范围而关注多元化新信息，从而有助于企业获得更多的创新机会。董事长与总经理都有有限而特定的“注意力焦点”（Simon，1945），他们在扫描企业的内外部环境时，在其价值观“动机认知”的影响下有选择性的关注某些信息，那么董事长与总经理的价值观差异就会给董事会带来异质的“注意力焦点”，使得董事会的视野范围更加多元化而能够关注到多元化的新信息，从而增加了新信息与现有相关知识结合的机会（Cohen & Levinthal，1990），有利于董事会关注和识别出新技术和新市场的发展趋势。已有研究表明，高管对新技术和新市场的关注有利于企业更好地识别环境中的创新机会（Kaplan，2008；Levinthal & March，1993），并促进企业加大创新投入以开发和利用这些创新机会（Yadav et al.，2007）。

第二，董事长与总经理的价值观差异给董事会带来了多元化的认知模式，有利于董事会获取和处理多元化的信息和观点，从而有助于企业制定高质量的创新战略。董事长与总经理的价值观差异越大，董事会的认知模式异质性越高，董事会感知和解读获取信息的视角和模式也越多元化，越有利于董事会获取和加工多元化的信息和观点。董事会获取多元化信息和观点可以促进他们从更多视角来分析企业面临的问题，还会促进董事会成员共享信息（Bunderson & Sutcliffe，2002），利用更多的信息（Dahlin，Weingart & Hinds，2005），此外，多元化的观点还会促进董事会更多、更充分的讨论，减少群体思维（Hambrick & Mason，1984；Janis，1982），这些都会增加创新战略备选方案的种类和数量，有利于提高创新战略决策质量，促进企业开展创新活动，加大研发投入。很多研究也证实了这一观点，如 Smith et al.（1994）的研究证明了董事会异质性与企业的知识创造能力和创新直接相关，Bantel & Jackson（1989）的研究也表明董事会的教育背景和职能背景异质性与创新正相关。

第三，董事长与总经理的价值观差异给董事会带来了多元化的选择偏好，有利于董事会更系统、更透彻的评价战略备选方案，从而有助于企业降低创新风险。董事长与总经理的价值观差异越大，董事会的选择偏好异质性就越高，就会导致董事会最终选择战略决策方案的评价标准越多元化，那么董事会就会面对更多的意见分歧和任务冲突（Bantel & Jackson，1989），这会促进董事长和总经理重新深入思考和评价各自偏好的战略方案。此外，更多的意见分歧和任务冲突也会刺激董事会产生创造性思维，有利于董事会更严谨地讨论和评价战略方案，并考虑以前没有考虑的因素（Talke et al.，2011），有利于董事会对最终选择的创新战略方案认识更加全面、更加系统，从而有利于降低企业创新战略面临的风险，促进企业开展创新活动。

基于上述分析，提出以下研究假设 1。

研究假设 1：董事长与总经理的价值观差异越大，越有助于企业制定创新战略，企业的研发强度越高

高阶理论认为，高管对企业战略和绩效的影响程度，取决于一些重

要的情境因素，比如管理自由度（managerial discretion）等（Hambrick，2007）。为了进一步探讨董事长与总经理的价值观差异对企业创新战略影响的边界条件，本章利用企业的所有权性质、冗余资源、股权集中度三个组织情境因素展开分析，考察在不同管理自由度下董事长与总经理价值观差异对企业创新的影响程度。管理自由度决定了管理者进行战略决策的活动范围，以往研究表明管理自由度会影响高管对战略决策的控制权限，而且也有经验证据表明高管对战略决策的影响随着管理自由度的上升而增强（Crossland & Hambrick，2007）。企业的所有权性质、冗余资源和股权集中度三个组织层面的因素，对高管的决策幅度有着显著的影响。

由于国有企业和民营企业在管理体制上存在较大差别，国有企业的董事长和总经理大多数都是由政府部门任命，国企主要考核高层管理人员的短期绩效指标，如国有资产保值增值率、主营业务收入平均增长率等（宋渊洋等，2011），而创新是一项风险性很高的长期活动（Holmstrom，1989），企业管理层为了避免降职往往会逃避高风险的创新活动，因为一旦创新失败，不仅会使企业经营业绩受损，国企高管也因创新失败可能失去晋升机会（周铭山、张倩倩，2016）。此外，国有企业董事长和总经理的每届任期一般是3~4年，而研发投入产生的效应和效益往往具有滞后性，这意味着企业增加的研发投入可能无法在其任期内产生显著的经营绩效，他们也会因此失去了增加研发投入的动力。这些因素都使得国有企业的高管在个人层面上缺乏制订和采纳多种可行的创新方案的动力和意愿，从而他们在企业创新上的决策范围并不大，因此，在国有企业，董事长与总经理的价值观差异导致的董事会深层异质性对企业研发强度的影响将会在一定程度上被削弱。

基于上述分析，提出以下研究假设2。

研究假设2：在国有企业中，董事长与总经理的价值观差异和企业研发强度的正相关关系更弱

企业拥有的资源是影响高管管理自由度的重要因素，在资源匮乏的情况下，即使高管能够有充分的动机和能力制定多种可能的战略行动，

也会因为资源的限制而无法实现和执行（Finkelstein et al.，2009）。有关研究表明企业创新战略决策的制定在很大程度上会受到融资约束的影响（Bernstein，2015；Cornaggia et al.，2015；Hsu et al.，2014；鞠晓生等，2013）。因为企业开展创新活动需要企业持续投入稳定的研发资金作为支持（Brown & Petersen，2011），这样才能将获取的外部知识和信息转化为企业的创新产出（Qiu & Wan，2015）。Brown et al（2009）和鞠晓生等（2013）的研究都表明企业面临的融资约束会抑制企业自身研发，所以当企业拥有的组织冗余越多时，表明它们拥有较多的潜在资源与较高的资产流动性，为企业从事研究开发活动提供了潜在的资源，从而在一定程度上保证了充足的创新资本。充足的资源为较大的管理决策范围提供了保障，企业高管对企业战略的影响将更强。

基于上述分析，提出以下研究假设3。

研究假设3：企业的组织冗余更多时，董事长与总经理的价值观差异和企业研发强度的正相关关系更强

较高的股权集中度往往意味着股东等公司治理主体对高层管理团队较多的监控，而对高管进行较多的监控会在一定程度上抑制其行为动机（Batt，2002），降低了高管的决策幅度，在一定程度上削弱了经理人积极寻求创新的主动性。Ireland et al（2003）的研究也提出对管理者的监控在一定程度上抑制了管理者努力的积极态度和行为，而且Allen et al（2015）的实证结果也证实了对管理者控制会抑制企业开发新产品。上市公司的高层管理者是创新战略决策的制定者与执行者，较高的股权集中度意味着董事会会对高层管理者进行较多的监督和控制，这不利于激发他积极主动制定创新导向战略决策的动力和意愿。因此，本章认为较高的股权集中度在一定程度上降低了管理自由度，从而阻碍了董事长与总经理价值观差异对研发投资的正向影响。

基于上述分析，提出以下研究假设4。

研究假设4：股权集中度较高时，董事长与总经理的价值观差异和企业研发强度的正相关关系更弱

三、研究方法

（一）研究数据

本章选取的研究样本来自A股主板上市公司，时间区间为2007—2014年。考虑到主板上市公司比较成熟，董事长和总经理的籍贯数据更易于获取。根据本章的研究问题，本章对研究样本进行了如下筛选：①删除了总经理和董事长由同一人担任的研究样本，即两职合一的上市公司；②剔除财务数据存在特殊情况的ST和*ST上市公司；③剔除金融类上市公司，因为金融类上市公司的资产结构和财务处理比较特殊。

董事长和总经理籍贯数据部分来自国泰安（CSMAR）的高管人物特征数据库，但在该数据库中只能查到30%左右的上市公司董事长和总经理的省（市）级籍贯数据。本章利用互联网手工查阅董事长和总经理的简历和相关新闻报道，人工补充了60%左右的董事长和总经理的省（市）级籍贯。如董事长和总经理的籍贯信息缺失，本章以其出生地所在省（市）替代。

中国各省（市）文化维度数据来自赵向阳等（2015）论文报告的基于“全球领导力与组织行为有效性研究”（GLOBE）价值观测量体系测度的全国各省（市）文化特点得分数据。本章利用全国各省（市）文化特点得分数据来衡量上市公司董事长和总经理的省（市）籍贯所在地的文化得分来分别衡量他们的个人价值观，时间区间为2007—2014年。

企业研发费用数据来自Wind数据库，其他相关财务数据来自国泰安数据库，本章最终得到的研究样本为2343条公司—年份数据。

（二）研究变量

1. 被解释变量

研发强度。与以往研究一致（如Gentry & Shen，2013），本章使用企业年度研发费用占年度销售收入的比值来衡量。为了便于讨论实证结果的回归系数，本章在这一比值的基础上乘以100来衡量研究样本的研发强度。

2. 解释变量

董事长与总经理的价值观差异。董事长总经理价值观差异的测量基于赵向阳等（2015）研究中报告的基于 GLOBE 文化模型展开的测量，这一模型一共包含 9 个维度：不确定性规避（uncertainty avoidance）、未来导向（future orientation）、权力差距（power distance）、社会导向的集体主义（institutional collectivism）、小团体集体主义（in – group collectivism）、人际关怀导向（humane orientation）、绩效导向（performance orientation）、性别平等（gender equalitarianism）、恃强性（assertiveness）（House，2004）。本章使用欧几里得距离来测度董事长与总经理在这 9 个文化维度上的差异，计算公式如下：

$$Dif = \sqrt{\sum_{i=1}^{9}(\nu_{i1} - \nu_{i2})^2}$$

其中，ν_{i1}表示董事长在 GLOBE 文化模型维度 1 上的得分，ν_{i2}表示总经理在 GLOBE 文化模型维度 1 上的得分。假设一家公司的董事长来自广东，而总经理来自黑龙江。根据赵向阳等（2015）的文化模型，广东省在不确定性规避、未来导向、权力差距、社会导向的集体主义、小团体集体主义、人际关怀导向、绩效导向、性别平等、恃强性等 9 个维度的得分分别为：4.37、4.37、4.42、4.72、4.51、4.66、5.05、3.61、4.15；而黑龙江省在相应 9 个维度的得分分别为：4.38、4.22、4.52、4.59、4.38、4.65、5.00、3.49、4.01，二者的价值观差异为 v［（4.37 – 4.38）2 +（4.37 – 4.22）2 +（4.42 – 4.52）2 +（4.72 – 4.59）2 +（4.51 – 4.38）2 +（4.66 – 4.65）2 +（5.05 – 5.00）2 +（3.61 – 3.49）2 +（4.15 – 4.01）2］=0.32。

3. 调节变量

所有权性质。如果企业实际控制人为各级政府、国资委或其他国有性质单位的，编码为 1，否则编码为 0。

股权集中度。本章采用前十大股东占股比例的 Herfindal 系数来测量企业的股权集中度，系数越大，表明企业股权越集中。

冗余资源。本章采用流动比率衡量企业的组织冗余，即利用年末流动资产总计除以年末流动负债计算得出。

4. 控制变量

本章参考以往研究（胡元木，2012；鲁桐、党印，2014；张建君和张闫龙，2016），本章控制了企业层面、公司治理层面以及董事长—总经理层面的一系列变量。企业层面：本章控制企业上市年龄、企业规模、资产负债率以及企业绩效。企业上市年龄为其自 IPO 以来经历的年份；企业规模采用企业总资产的自然对数来衡量；资产负债率采用年末负债总计除以年末资产总计来衡量；企业绩效采用资产回报率（ROA）来衡量，即年末利润总额除以年末资产总计与年初资产总计均值。公司治理层面：本章控制董事会规模和董事会独立性，董事会规模采用董事会总人数取自然对数来衡量，董事会独立性采用独立董事人数占董事会总人数的比例来衡量。

基于张建君和张闫龙（2016）对董事长和总经理二者异质性差异的考察以及金融研究领域对增选（cooption）关联的研究（陆瑶和李茶，2016），在数据可得的基础上，本章控制董事长和总经理共事时间、董事长和总经理是否存在增选关联，以及董事长和总经理在受教育程度、性别、任期、持股、政治影响上的差异。董事长和总经理共事时间采用董事长和总经理均在任的时间来衡量，统计截至当年的 12 月 31 日，单位为月。董事长和总经理是否存在增选关系，当总经理任职时间开始于董事长任职开始之后，本章认为总经理为董事长增选进入公司，二者存在关联，编码为 1，否则为 0。董事长和总经理更长的共事时间和两者之间存在增选关系，可能会影响二者价值观差异作用的发挥。董事长和总经理的年龄差异采用董事长的年龄减去总经理的年龄来衡量。董事长和总经理的受教育程度编码为：5 表示博士、4 表示硕士、3 表示本科、2 表示大专、1 表示中专及以下，二者的差异采用董事长的受教育程度减去总经理受教育程度来衡量。董事长和总经理的性别差异，如果董事长和总经理性别不一致编码为1，否则编码为0。董事长和总经理经历的任期差异采用董事长的在任时长减去总经理的在任时长来衡量，统计截至当年12月31日，单位为月。董事长和总经理的持股差异采用董事长年末持股量减去总经理年末持股量加1取自然对数来衡量。董事长和总经理的政治影响差异的测量：根据董事长和总经理担任代表或委员的人民代表大会和政治协商会议的级别，编码分别为：4表示全国、3表示省级区域、2表示地级市区域、1表示县级区域。具体计算董事长和总经理政治影响差异的方法为：董事长的人大代表级别减去总经理人大代表级别加上董事长的政协委员级别减去总经理政协委员级别；不担任任何级别区域人大代表和政协委员，编码为0。通过控制一系列的董事长和总经理的关联和差异，本章降低了二者间的其他变量同时影响董事长总经理价值观差异和创新强度的内生性风险。

四、实证分析与结果

（一）估计方法

本章的样本数据构成了一个2007—2014年期间的不平衡面板数据，每一条记录对应着一家上市公司当年的基本运营情况以及董事长与总经理情况。基于这种数据结构，一家上市公司的多年间的观测值可能并不完全独立，为处理这些问题，本章需要采取企业固定效应进行统计估计。本章首先利用似然比（LR）检验来判断样本数据适合采用固定效应模型还是混合OLS模型，LR检验结果显示，模型存在显著的个体效应（$p<0.001$），所以采用固定效应模型进行回归分析更加适合，因此，本章使用固定效应模型进行主要的分析。此外，为了进一步检验本章回归结果的稳定性，本章还对样本数据进行了Breusch－Pagan拉格朗日乘子检验，以判断样本数据适合采用随机效应模型还是混合OLS模型，Breusch－Pagan检验结果显示，模型的个体效应显著（$p<0.001$），所以随机模型更合适，本章将采用随机效应模型进行稳健性检验。此

外，本章采用的所有模型同时控制年份固定效应；所有自变量都滞后一期；主要财务控制变量进行了1%的缩尾处理，以降低极端值的影响。

（二）描述统计

表3－1报告了本章涉及所有变量的均值、标准差、最大值和最小值。其中，研发强度的均值为0.91%，最大值为41.53%，最小值为0；价值观差异均值为0.21，最小值为0，最大值为0.85。平均而言，董事长比总经理年长近5岁，受教育程度低于总经理，任期比总经理长8个月，持股量高于总经理，政治影响力高于总经理。由表3－2的相关系数矩阵显示，董事长与总经理的价值观差异与企业研发强度正相关，与本章的假设方向一致。

表3－1　基本描述性统计

	变　量	样本量	均值	标准差	最小值	最大值
1	研发强度	2343	0.91	2.46	0.00	41.53
2	企业上市年龄	2343	11.29	4.29	1.00	23.00
3	企业规模	2343	22.37	1.39	19.52	26.41
4	资产负债率	2343	0.54	0.18	0.09	0.90
5	ROA	2343	0.05	0.05	－0.08	0.17
6	冗余资源（Slack）	2343	1.45	1.05	0.21	7.20
7	产权性质（State）	2343	0.72	0.45	0.00	1.00
8	董事会规模	2343	2.23	0.22	1.39	2.89
9	独董比例	2343	0.37	0.05	0.29	0.57
10	股权集中度（Concentration）	2343	0.18	0.13	0.01	0.59
11	董事长总经理共事时间	2343	49.62	33.27	0.00	198.63
12	董事长总经理关联	2343	0.46	0.50	0.00	1.00
13	年龄差异	2343	4.84	8.83	－25.00	34.00
14	受教育程度差异	2343	－0.06	1.01	－3.00	3.00
15	性别差异	2343	0.10	0.30	0.00	1.00
16	任期差异	2343	8.25	43.71	－147.00	184.00
17	持股量差异	2343	2.97	5.26	0.00	20.05
18	政治影响差异	2343	0.66	1.63	－6.00	8.00
19	价值观差异（Dif）	2343	0.21	0.24	0.00	0.85

表 3－2　相关性分析矩阵

	变　量	1	2	3	4	5	6	7	8	9
1	研发强度									
2	企业上市年龄	0. 04*								
3	企业规模	-0. 02	0. 03							
4	资产负债率	-0. 09*	0. 07*	0. 39*						
5	ROA	0. 04	0. 00	0. 14*	-0. 33*					
6	冗余资源	0. 08*	-0. 02	-0. 21*	-0. 57*	0. 19*				
7	产权性质	-0. 06*	0. 01	0. 23*	0. 07*	-0. 03	-0. 13*			
8	董事会规模	0. 01	-0. 09*	0. 29*	0. 03	0. 04*	-0. 13*	0. 18*		
9	独董比例	0. 02	0. 03	0. 08*	0. 01	-0. 02	0. 07*	-0. 06*	-0. 30*	
10	股权集中度	-0. 01	-0. 13*	0. 35*	-0. 03	0. 22*	-0. 01	0. 14*	0. 06*	0. 02
11	董事长总经理共事时间	0. 01	0. 19*	-0. 03	-0. 03	0. 02	0. 00	-0. 11*	-0. 05*	0. 01
12	董事长总经理关联	0. 06*	0. 06*	0. 00	0. 04	-0. 04*	-0. 04	-0. 05*	0. 03	0. 05*
13	年龄差异	0. 01	-0. 04*	0. 08*	-0. 01	0. 05*	0. 06*	-0. 12*	-0. 05*	0. 02
14	受教育程度差异	-0. 01	0. 06*	-0. 07*	-0. 00	-0. 01	0. 06*	0. 05*	-0. 06*	0. 04*
15	性别差异	-0. 04	0. 02	-0. 01	-0. 00	0. 10*	0. 05*	-0. 06*	-0. 08*	0. 05*

续表

	变 量	1	2	3	4	5	6	7	8	9
16	任期差异	0.05*	0.05*	0.02	0.04	-0.01	0.00	-0.15*	0.00	0.06*
17	持股量差异	0.12*	0.02	0.13*	0.06*	0.05*	-0.00	-0.20*	0.01	-0.02
18	政治影响差异	0.01	-0.04	0.02	-0.01	0.04*	0.02	-0.22*	0.07*	0.01
19	价值观差异	0.05*	0.10*	0.13*	0.09*	-0.06*	-0.06*	0.12*	0.08*	0.02
	变 量	10	11	12	13	14	15	16	17	18
11	董事长总经理共事时间	-0.17*								
12	董事长总经理关联	-0.05*	-0.02							
13	年龄差异	0.00	0.09*	0.17*						
14	受教育程度差异	0.02	-0.00	0.01	-0.35*					
15	性别差异	0.01	0.05*	-0.01	0.02	0.01				
16	任期差异	-0.05*	-0.02	0.70*	0.30*	-0.06*	0.07*			
17	持股量差异	-0.10*	0.20*	0.16*	0.25*	-0.09*	0.10*	0.25*		
18	政治影响差异	0.00	0.10*	0.07*	0.17*	-0.01	-0.06*	0.09*	0.12*	
19	价值观差异	-0.01	-0.05*	0.01	-0.07*	0.02	0.03	-0.05*	-0.10*	-0.01

注：*表示在0.05水平下显著。

（三）实证发现

为了检验假设1、2、3、4和5，本章考察了董事长与总经理价值观差异对企业研发强度的影响，以及产权性质、股权集中度、组织冗余和是否技术密集型行业对二者关系的调节作用。本章采用固定效应面板模型进行回归分析，同时控制了企业层面、董事会层面、董事长与总经理二者关系层面的控制变量以及时间固定效应。结果如表3－3所示，模型1只放入了所有控制变量，本章发现企业上市年龄、董事长与总经理持股量差异与企业研发强度正相关，而股权集中度、董事长与总经理的性别差异以及二者的政治差异都与企业研发强度负相关。由模型2的结果可知，董事长与总经理的价值观差异与企业的研发强度正相关，回归系数为0.68，并在10%的水平上通过显著性检验，表明董事长与总经理的文化差异越大，越有利于企业创新，企业的研发强度就越高。即研究假设1得到了支持。

表3－3　固定效应模型实证结果

因变量：研发强度	模型1	模型2	模型3	模型4	模型5
企业上市年龄	0.16*** (0.03)	0.16*** (0.03)	0.16*** (0.03)	0.15*** (0.03)	0.16*** (0.03)
企业规模	0.18 (0.14)	0.19 (0.14)	0.20 (0.14)	0.21 (0.14)	0.19 (0.14)
资产负债率	-0.50 (0.58)	-0.47 (0.58)	-0.39 (0.58)	-0.37 (0.58)	-0.40 (0.58)
ROA	0.54 (1.10)	0.49 (1.10)	0.55 (1.09)	0.42 (1.09)	0.41 (1.10)
冗余资源（Slack）	-0.02 (0.08)	-0.02 (0.08)	-0.02 (0.08)	-0.01 (0.08)	-0.01 (0.08)
产权性质（State）	0.17 (0.39)	0.16 (0.39)	0.01 (0.40)	0.14 (0.39)	0.13 (0.39)
董事会规模	0.03 (0.40)	0.01 (0.40)	-0.07 (0.40)	-0.03 (0.40)	0.01 (0.40)

续表

因变量：研发强度	模型 1	模型 2	模型 3	模型 4	模型 5
独董比例	0.14 (1.14)	0.22 (1.14)	0.08 (1.14)	0.13 (1.13)	0.30 (1.14)
股权集中度 (Concentration)	-2.18* (0.89)	-2.20* (0.89)	-2.32** (0.89)	-2.51** (0.90)	-0.30** (0.11)
董事长总经理共事时间	0.00 (0.00)	0.00 (0.00)	0.00 (0.00)	0.00 (0.00)	0.00 (0.00)
董事长总经理关联	0.28 (0.20)	0.29 (0.20)	0.27 (0.20)	0.27 (0.20)	0.29 (0.20)
董事长总经理差异 年龄差异	-0.01 (0.01)	-0.01 (0.01)	-0.01 (0.01)	0.00 (0.01)	-0.01 (0.01)
受教育程度差异	-0.05 (0.07)	-0.05 (0.07)	-0.06 (0.07)	-0.06 (0.07)	-0.04 (0.07)
性别差异	-0.71+ (0.43)	-0.72+ (0.43)	-0.63 (0.43)	-0.70 (0.43)	-0.68 (0.43)
任期差异	0.00 (0.00)	0.00 (0.00)	0.00 (0.00)	0.00 (0.00)	0.00 (0.00)
持股量差异	0.05*** (0.01)	0.05*** (0.01)	0.05*** (0.01)	0.05*** (0.01)	0.05*** (0.01)
政治影响差异	-0.14* (0.05)	-0.13* (0.05)	-0.13* (0.05)	-0.13* (0.05)	-0.13* (0.05)
价值观差异（Dif）		0.68+ (0.38)	0.71*** (0.21)	0.19* (0.09)	0.17+ (0.09)
Dif × State			-0.63*** (0.22)		
Dif × Slack				0.19*** (0.06)	
Dif × Concentration					-0.13+ (0.07)
年份哑变量	控制	控制	控制	控制	控制

续表

因变量：研发强度	模型 1	模型 2	模型 3	模型 4	模型 5
常数项	-4.65 (2.87)	-4.85 + (2.87)	-4.69 (2.86)	-5.12 + (2.87)	-5.25 + (2.89)
N	2343	2343	2343	2343	2343
R^2	0.13	0.14	0.14	0.14	0.14
F	11.86	11.52	11.43	11.46	11.21

注：***、**、*、+分别表示在0.001、0.01、0.05、0.1水平下显著，括号中的数值表示标准误。技术密集型行业变量因为不随时间变化，在企业固定效应模型其主效应被企业哑变量吸收，没有系数。

本章进一步考察了不同特征的企业董事长与总经理价值观差异对研发强度的影响，模型3报告了产权性质的调节作用，国有企业和董事长与总经理价值观差异的乘积项负向显著，回归系数为-0.63，并在1%的水平上通过显著性检验，表明在国有企业，董事长与总经理价值观差异对研发强度的正向影响更弱。模型4报告了组织冗余的调节作用，组织冗余和董事长与总经理价值观差异的乘积项正向显著，回归系数为0.19，并在1%的水平上通过显著性检验，表明在组织冗余更多的企业，董事长与总经理价值观差异对研发强度的正向影响更强。模型5报告了股权集中度的调节作用，股权集中度和董事长与总经理价值观差异的乘积项负向显著，回归系数为-0.13，并在1%的水平上通过显著性检验，表明在股权集中度更高的企业，董事长与总经理价值观差异对研发强度的正向影响更弱。可见，研究假设2、3、4都得到了支持。

为了进一步检验回归结果的稳健性，本章采用随机效应面板模型对样本数据进行了回归分析，结果如表3-4所示，与表3-3的结果大致相同，结论没有变化。总体而言，本章的研究结论是稳健的。

表 3-4 随机效应模型实证结果

因变量：研发强度	模型 1	模型 2	模型 3	模型 4	模型 5
企业上市年龄	0.00 (0.03)	0.00 (0.03)	-0.01 (0.03)	0.00 (0.03)	0.00 (0.03)
企业规模	-0.10 (0.08)	-0.11 (0.08)	-0.09 (0.08)	-0.10 (0.08)	-0.10 (0.08)
资产负债率	-0.67 (0.49)	-0.64 (0.48)	-0.62 (0.48)	-0.62 (0.48)	-0.59 (0.49)
ROA	0.72 (1.00)	0.75 (1.00)	0.82 (1.00)	0.70 (1.00)	0.67 (1.00)
冗余资源（Slack）	-0.03 (0.07)	-0.03 (0.07)	-0.03 (0.07)	-0.03 (0.07)	-0.02 (0.07)
产权性质（State）	0.06 (0.21)	0.04 (0.21)	-0.02 (0.21)	0.04 (0.21)	0.04 (0.21)
董事会规模	0.47 (0.32)	0.46 (0.32)	0.42 (0.32)	0.46 (0.32)	0.47 (0.32)
独董比例	0.45 (1.02)	0.50 (1.02)	0.44 (1.02)	0.47 (1.02)	0.58 (1.02)
股权集中度（Concentration）	-0.33 (0.63)	-0.31 (0.63)	-0.34 (0.63)	-0.38 (0.63)	-0.05 (0.08)
董事长总经理共事时间	0.00 (0.00)	0.00 (0.00)	0.00 (0.00)	0.00 (0.00)	0.00 (0.00)
董事长总经理关联	0.32+ (0.16)	0.32+ (0.16)	0.31+ (0.16)	0.31+ (0.16)	0.32* (0.16)
董事长总经理差异 年龄差异	0.00 (0.01)	0.00 (0.01)	0.00 (0.01)	0.00 (0.01)	0.00 (0.01)
受教育程度差异	-0.04 (0.06)	-0.04 (0.06)	-0.04 (0.06)	-0.04 (0.06)	-0.03 (0.06)
性别差异	-0.32 (0.27)	-0.34 (0.27)	-0.35 (0.27)	-0.35 (0.27)	-0.35 (0.27)
任期差异	0.00 (0.00)	0.00 (0.00)	0.00 (0.00)	0.00 (0.00)	0.00 (0.00)

续表

因变量：研发强度	模型 1	模型 2	模型 3	模型 4	模型 5
持股量差异	0.04*** (0.01)	0.04*** (0.01)	0.04*** (0.01)	0.04*** (0.01)	0.04*** (0.01)
政治影响差异	-0.08+ (0.04)	-0.08+ (0.04)	-0.08+ (0.04)	-0.08+ (0.04)	-0.08+ (0.04)
价值观差异（Dif）		0.63* (0.29)	0.50*** (0.14)	0.16* (0.07)	0.15* (0.07)
Dif × State			-0.43** (0.16)		
Dif × Slack				0.10+ (0.06)	
Dif × Concentration					-0.12+ (0.06)
年份哑变量	控制	控制	控制	控制	控制
行业哑变量	控制	控制	控制	控制	控制
常数项	2.52 (2.00)	2.62 (2.00)	2.83 (2.00)	2.51 (2.00)	2.54 (2.02)
N	2343	2343	2343	2343	2343
chi^2	397.77	403.54	411.83	407.20	407.55

注：***、**、*、+分别表示在0.001、0.01、0.05、0.1水平下显著，括号中的数值表示标准误。

五、结论与启示

本章利用全国各省（市）文化价值体系的测度数据和董事长与总经理籍贯数据测度了他们价值观的差异，基于高阶理论，阐释了董事长与总经理的价值观差异对企业创新战略的影响及其作用机制。本章研究发现：董事长与总经理的价值观差异越大，企业越倾向于开展创新活动，企业的研发强度越高；同时，在国有企业和股权集中度较高的企业，董事长与总经理的价值观差异和研发强度的正向关系减弱，而在冗余资源越多的企业，二者的正向关系增强。本章的研究在以下几个方面丰富和扩展了现有研究。

（1）本章首次探讨了董事会价值观差异对企业创新战略的影响机制，并利用中国上市公司的数据进行了实证检验，实证结果为研究董事会价值观对企业战略的影响提供了经验证据。高阶理论明确强调了价值观对企业战略的重要影响（Hambrick & Mason，1984），但只有少量研究关注了高管价值观在战略决策中所发挥的作用（Gupta et al.，2017），更是少有研究关注董事会价值观差异对企业战略的影响，本章的研究则拓展和完善了现有研究。

（2）本章利用董事长与总经理的价值观差异来衡量董事会深层异质性，重点探讨并考察了董事会深层异质性对创新战略的影响机制。以往研究更多利用董事会人口特征差异来考察董事会浅层异质性对战略决策的影响，而浅层异质性很难准确反映董事会的认知异质性，从而导致得出不一致的研究结论。本章利用董事会价值观差异，剖析了董事会深层异质性对创新战略的作用机制，拓展了董事会异质性影响企业战略的相关研究。

（3）从微观层面考察了文化差异对企业创新战略的影响。以往有关文化差异的研究主要探讨了跨国文化差异对企业战略及绩效的影响，但跨国文化研究很难控制不同国家制度环境因素产生的干扰影响（戴亦一等，2016；赵龙凯等，2014），从而不能清晰地揭示真正由文化差异产生的作用机制。中国文化底蕴深厚且种类极其繁多，形成了丰厚且复杂的地域文化（戴亦一等，2016），在不同地域文化环境中成长起来的董事长与总经理，他们的价值观深深印刻着区域文化烙印，这就为本章从微观层面考察文化差异对企业战略的影响提供了理想的研究场景，本章利用区域文化差异测度了董事会价值观差异，在微观层面探索了文化差异对企业创新战略的影响，完善和丰富了现有的相关研究。

当然，本研究也存在一些不足：

一是鉴于中国地域文化丰厚复杂，以往有关中国区域文化差异的研究成果较少，目前只有赵向阳等（2015）首次测量了中国不同的区域文化，本章对高管价值观的测度是利用他们得出的区域文化数据测量的，而目前研究对其区域文化测量的精确度尚未进行验证，这就可能导致本章的研究结论也比较初步，未来的研究可以修正和丰富高管价值观的测量指标来进一步考察高管价值观差异对企业战略的影响。

二是本章的研究重点是考察核心董事会（董事长与总经理）价值观异质性对企业创新战略的影响，虽然关注上市公司的核心权力结构符合中国情境的特征，但董事会内部的互动关系比较复杂，其他高管成员的价值观差异可能会对董事会价值观异质性产生一定的影响，未来的研究可以将本研究的研究框架扩展到整个董事会成员中，进一步检验董事会价值观异质性对企业战略决策及组织绩效的影响。

第四章　女性董事对企业慈善捐赠的影响分析

一、引　言

党的十九大报告提出，我国社会主要矛盾已经转化为人民日益增长的美好生活需要和不平衡不充分的发展之间的矛盾，这就赋予了新时代慈善捐赠事业的新使命，通过慈善捐赠解决不平衡不充分的矛盾，不仅是政府的责任，也是企业、社会组织和商业机构共同的责任。2016 年 9 月《中华人民共和国慈善法》实施以来，中国慈善事业进入了依法治理和快速发展的新时代。根据中国慈善联合会在 2017 年 11 月发布的《2016 年度中国慈善捐助报告》，2016 年中国慈善捐赠额达 1392.94 亿元，同比增长了 25.65%，其中企业仍是慈善捐赠的主力军。慈善捐赠作为企业非市场战略的重要组成部分，日益受到学术界和实务界的广泛关注（Mellahi et al.，2016），而且也有越来越多的企业参与了慈善捐赠活动，然而不同企业的捐赠意愿和捐赠金额之间的差异却越来越大（陈仕华和马超，2011；Li & Liang，2015）。学术界也开始关注并探索影响这些差异的原因，一个重要的原因在于企业慈善捐赠的动机不同（许年行和李哲，2016）。归纳起来，主要包括利他动机（Campbell et al.，1999；陈凌和陈华丽，2014）、战略性动机（Godfrey，2005；高勇强等，2012）、政治动机（戴亦一等，2014；张敏等，2013）和管理效用动机（Chen et al.，2016；Tang et al.，2017）。尽管企业慈善捐赠的动机不同，但企业开展慈善捐赠活动都需要真金白银的投入，那么慈善捐赠行为的决策主体必然对企业是否捐赠以及捐赠金额产生重要影响，然而现有研究较少关注慈善捐赠决策主体差异对不同企业慈善捐赠差异产生的影响，更少从董事会特征这一角度展开研究。

董事会作为决策主体对公司战略决策的影响得到了越来越多的重视（谢绚丽，2011；Rao & Tilt，2016），而且已有研究表明董事会在企业制定社会责任决策中发挥着重要的作用（Kruger，2009），尤其是女性董事（Neilsen & Huse，2010；Williams，2003）。随着越来越多的女性加入董事会，意味着女性董事的话语权在企业决策制定中的影响越来越大（Adams & Ferreira，2009），如 Hillman 和 Cannella（2007）提出董事会中女性董事数量的增加不仅会改变董事之间关系，也会影响企业战略决策；Neilsen 和 Huse（2010）、Williams（2003）都在经验上证明了女性董事对履行企业社会责任有重要影响。现有研究往往采用是否有女性董事、女性董事占比、女性董事数量等指标来考察女性董事对企业制定决策的影响。然而，女性董事作为少数群体经常被视为“女性象征”（Terjesen et al.，2009；Williams，2003），很难在董事会制定决策时真正发挥作用，所以说在考察女性董事在企业决策中所发挥的作用时，需要确保女性董事能够真正参与到决策制订中。根据 Kanter（1977，1987）的临界规模理论可知，女性董事能够真正发挥作用的临界值是董事会中有三位女性董事，Nemeth（1986），Post 等（2011），Torchia 等（2011），Jia 和 Zhang（2013）都在经验上证明了临界规模理论的有效性。

受到这些研究的启发，我们感兴趣的问题是，董事会作为企业慈善捐赠行为的主要决策者，董事会中的女性董事是否以及如何影响其所在企业的慈善捐赠决策呢？女性董事数量超过临界值后，女性数量越多是否越有助于企业制定慈善捐赠决策呢？研究这些问题，对深入了解董事会特征对慈善捐赠的影响有重要的理论价值和现实意义。

本章以 2002—2014 年中国上市公司为研究样本，考察了女性董事对企业慈善捐赠行为的影响，并进一步检验了企业所有权性质和女性董事受教育程度对二者关系的影响。实证研究结果表明，董事会中有女性董事显著增加了企业的慈善捐赠行为，而且当女性董事数量超过临界值后，女性董事数量越多，企业的慈善捐赠也越多；进一步研究发现，在国有企业，董事会中有女性董事和女性董事数量对慈善捐赠的影响都被削弱，而女性董事的受教育程度越高，企业有女性董事和女性董事数量对慈善捐赠的影响就越大。

本章的理论贡献主要体现在以下三个方面：①本章基于高阶理论和临界规模理论研究了女性董事对企业慈善捐赠行为的影响，并重点考察了女性董事数量超过临界值后，女性董事数量对企业慈善捐赠行为的影响，有助于更深刻理解女性董事在慈善捐赠决策中所发挥的作用，拓展了慈善捐赠影响因素的研究；②本章进一步考察了女性董事影响企业慈善捐赠行为的边界条件，检验了企业所有权性质与女性董事受教育程度对女性董事与慈善捐赠行为二者关系的调节作用，有助于明晰女性董事对企业捐赠行为的影响机理；③在研究方法上，本章利用 PSM 分析法和 Heckman 两阶段模型进行了实证检验，可以规避企业聘任女性董事可能存在自选择偏误的内生性问题，而以往研究大都把女性董事作为外生变量来处理（周煊等，2016）。

二、理论分析与研究假设

以往研究较多探讨了女性董事对企业慈善捐赠行为的影响，但尚未得出一致性的研究结论。归纳起来，主要有两种结论：①女性董事与企业慈善捐赠正相关，如 Wang 和 Coffey（1992）、Williams（2003）等都在经验上证明了女性董事比例与企业慈善捐赠显著正相关；周煊（2016）和周泽将（2014）则都发现董事会中有女性董事对企业慈善捐赠有显著正向影响。②女性董事与企业慈善捐赠不相关，如 Coffey 和 Wang（1998）则发现女性董事比例与企业慈善捐赠不相关。产生上述不一致研究结论的主要原因是：①以往研究基于不同理论从不同视角考察了女性董事对企业慈善捐赠的影响，从而得出了不同的结论；②以往研究重点关注了女性董事与慈善捐赠的直接关系，然而在不同的情境中，女性董事影响慈善捐赠的作用机制及其边界条件也是存在差异的，进而导致得出不同的结论。鉴于慈善捐赠是企业战略的重要组成部分（McElhaney，2009；McWilliams et al.，2006），而董事会是企业战略的主要决策主体，女性董事作为董事会成员必然会对慈善捐赠决策有重要影响（Judge & Zeithaml，1992；Ruigrok et al.，2006），然而以往研究忽略了董事会以及女性董事对慈善捐赠决策的影响（Rao & Tilt，2016），而考察女性董事是否以及如何在企业慈善捐赠决策中发挥作用，有助于在深层次揭示女性董事与慈善捐赠之间的关系。此外，根据临界规模理论，女性董事能否在战略决策中真正发挥作用，取决于女性董事数量是否超过了临界规模（Kanter，1977，1987）。基于此，本章基于高阶理论和临界规模理论研究了女性董事对慈善捐赠决策的影响。

根据高阶理论，董事会成员的价值观、认知模式和性格会影响他们扫描决策情境中各种信息的关注点，进而影响他们在决策时的视野范围以及对信息的解读，最终影响企业的决策选择和结果（Hambrick & Mason，1984；Finkelstein et al.，2009）。因为性别差异，女性董事与男性董事在价值观、感知和信念等认知模式方面存在较大差异（Eagly et al.，1995；Powell，1990），这就导致董事会中是否女性董事对慈善捐赠决策产生不同的影响，有女性董事企业的敏感性更高，会更关注慈善捐赠等企业社会责任问题（Kruger，2009），女性董事还有助于企业感知和洞察到不同利益相关者的诉求，并促进企业通过积极开展慈善捐赠及时响应他们的诉求。具体分析如下：

相对于没有女性董事的企业，女性董事增加了企业的敏感性（Williams，2003），有助于企业更加关注慈善捐赠问题。根据高阶理论和注意力基础观（Ocasion，1997）可知，企业的战略决策会受决策者注意力的影响，不同企业的决策主体存在较大差异，从而导致他们对慈善捐赠的关注度也不相同。具体来看，企业的决策者受到有限理性和认知模式的制约，他们都有有限而特定的“注意力焦点”（Simon，1945），在扫描企业的内外部环境时，在他们认知模式的影响下会有选择性的关注某些信息。从董事会成员的性别差异来看，女性董事比男性董事更有同情心、关怀他人和富有爱心，对企业的慈善捐赠行为表现得更加敏感（Wang & Coffey，1992），而男性董事更多关注财务绩效和定量的任务（Solberge & Huse，2006）。可见，有女性董事的企业会更加关注慈善捐赠等"软"问题，而决策者的关注焦点会引导企业制定决策与实施（Cho & Hambrick，2006）。因此，本章认为有女性董事有助于企业更关注慈善捐赠，从而促进企业制定慈善捐赠决策。

女性董事有助于企业更好的感知和洞察到各种利益相关者的诉求，并促进企业通过慈善捐赠来积极响应利益相关者的诉求。企业在制定慈善捐赠决策时会面临复杂模糊的信息和多元化的选择（Rao & Tilt，2016）。高阶理论指出，当董事会成员面对超出自身所能处理的复杂模糊的信息时，他们的认知模式就会作为战略图式来影响他们过滤和解读这些信息并做出决策（Finkelstein，et al.，2009）。已有研究证明，女性董事往往拥有较强的慈善责任导向，而男性董事往往拥有较强的经济责任导向（Ibrahim & Angelidis，2011），另外女性董事经常在人力资源管理、CRS 和市场营销等"软"管理领域工作，这些都会有助于女性董事比男性董事对"软"管理问题有更深入的认识和了解（Zelechowski & Bilimoria，2006）。此外，女性董事善于处理人际关系，能够与各种利益相关者联系（Galbreath，2011），有利于更好地洞察、感知并及时响应社会或利益相关者的诉求（Post & Byron，2015），特别是社会责任问题（Rao & Tilt，2016），所以女性董事会比男性董事更加敏锐地感知到：企业可以通过慈善捐赠来满足公众期望和提升企业公众形象之间的联系。相对于男性董事，女性董事更有兴趣从事慈善和社会服务工作（Groysberg & Bell，2013），并致力于推动企业制定事慈善捐赠决策，向他们的客户和潜在的投资者等利益相关者传递出企业是乐于做慈善的积极信号（Hillman & Keim，2001），从而有利于企业与广泛的利益相关者保持良好的关系。此外，Wang 和 Coffey（1992）的研究也证明了有女性董事的企业参与社会责任活动的水平更高。基于此，提出以下研究假设 1a。

假设1a：有女性董事的企业慈善捐赠会更多

女性董事在企业慈善捐赠决策中究竟能在多大程度上发挥作用，还取决于女性董事的数量。由上述分析可知，尽管女性董事比男性董事能更好地感知和洞察到各种利益相关者的诉求，但如果董事会中只有1～2名女性董事，而男性董事占主导地位的董事会中，女性董事往往被视为“女性象征”（Terjesen et al.，2009；Williams，2003），所以她们的意见经常被忽视（Kanter，1977，1987）。权力作为战略决策的核心要素（Finkelsterin，1992），已经有大量研究在经验上证明了掌握权力在战略决策过程中是至关重要的（Finkelsterin et al.，2009）。作为决策主体的董事会实际上是由不同成员组成的，不同成员都有自己的目标和偏好（Cyert & March，1963），那么企业决策就能体现出拥有较强权力的成员的偏好。换句话说，女性董事能否在慈善决策中发挥作用取决于她们是否有较大的权力。根据临界值理论，当女性董事数量达到3个或以上时才能对企业决策产生实质性影响（Jia & Zhang，2013；Post et al.，2011；Torchia et al.，2011），而且以往研究在经验上证明了女性董事数量超过临界值后，女性董事就掌握了足够的权力来改变公司决策以有利于她们（Jie & Zhang，2013；Post et al.，2011；Torchia et al.，2011）。此外，女性董事倾向于把制定慈善捐赠决策看作是一种权力资源，这可以彰显她们在董事会所发挥的作用（Marx，2000），而且William（2003）的研究也证明了女性董事数量越多，她们在影响企业做慈善捐赠的预算分配时的话语权就越强。所以说，女性董事数量超过临界值后，女性董事数量越多，[①] 越有利于促进企业制订慈善捐赠决策，企业的慈善捐赠也就越多。基于此，提出以下研究假设1b。

假设1b：女性董事达到临界值的企业，女性董事数量越多，企业的慈善捐赠越多

① 为了方便陈述，本章在研究假设2a、2b、3a和3b中的女性董事数量都是指超过临界值以后的数量。

高阶理论认为，董事成员在董事会制定企业战略决策中所能发挥作用的程度还会受到董事成员拥有的权力大小等情境因素的影响（Hambrick，2007）。为了进一步探讨女性董事对企业慈善捐赠影响的边界条件，本章利用影响女性董事权力的两个情境因素——企业所有权性质和女性董事受教育程度来展开分析，考察在不同权力因素影响下女性董事对企业慈善捐赠的影响程度。

由于国有企业和民营企业在管理体制上存在较大差别，国有企业会受到各级政府相关部门的约束和监督，企业制定的战略目标、高管任免以及资源配置等战略决策都需要得到政府部门的认可（曲亮等，2016），这就导致董事会在企业慈善捐赠决策中的权力被削弱，女性董事在慈善捐赠决策中所发挥的作用也必然受到一定程度的限制。此外，国有企业是政府控制的，国有企业本身承担了更多的稳定社会和改善社会福利等非经济功能，积极履行社会责任是他们与生俱来的分内职责（张建君，2013），所以国有企业有较强的内在动力通过慈善捐赠来满足公众期望和提高企业公众形象，这也会导致女性董事对慈善捐赠决策的影响被削弱。因此，在国有企业，董事会中有女性董事以及女性董事数量对慈善捐赠的影响将在一定程度减弱。基于此，提出以下研究假设2a、2b。

假设2a：在国有企业，董事会有女性董事对慈善捐赠的影响减弱

假设2b：在国有企业，女性董事数量对慈善捐赠的影响减弱

根据Finkelstein（1992）对权力来源的研究可知，高管的受教育程度越高，他们拥有的专家权力也越强。女性董事的受教育水平也反映了她们个人拥有的技能和专业知识水平，受教育水平越高的女性董事往往在董事会中有更高的任务和相关的地位（Cohen & Zhou，1991，Bunderson，2003），也就是说她们的专家权力也越大，她们在参与董事会决策中的话语权就会更大。可见，女性董事受教育程度越高，越有利于她们在慈善捐赠决策中发挥作用，董事会中有女性董事以及女性董事数量对慈善捐赠的影响将更强。基于此，本章提出以下研究假

设3a、3b。

假设3a：女性董事受教育程度越高，董事会中有女性董事对慈善捐赠的影响就越强

假设3b：女性董事受教育程度越高，女性董事数量对慈善捐赠的影响就越强

三、研究设计

（一）样本选取与数据来源

本章选取中国A股上市公司作为初始研究样本，时间期间为2002—2014年，并按照以下标准对样本进行了筛选：①删除了财务数据存在特殊情况的（ST和ST上市公司；②剔除金融和保险类上市公司；③删除了主要变量数据存在严重缺失的上市公司。最终获得的研究样本观测值如表4-1所示。本章各个研究变量的相关数据全部来自CSMAR数据库，其中慈善捐赠数据来自中国上市公司财务报表附注数据库中的"（非）公益性捐赠"数据。女性董事、企业特征和董事会特征变量的相关数据来自中国上市公司治理结构研究数据库。此外，本章对有效样本中的慈善捐赠、公司规模、ROA、销售收入、多元化程度和组织冗余等连续变量进行了异常值处理，对于5%分位数之外的变量观测值进行了winsorize处理。

表4-1　描述性统计

变量名称		观测值	平均值	标准差	最小值	中位数	最大值
Donation	慈善捐赠	18797	0.01	0.03	0	0	0.12
FDirector	是否有女性董事	18797	0.67	0.47	0	1	1
N_ FDirector	女性董事数量	18797	1.13	1.10	0	1	8
R_ FDirector	女性董事占比	18797	0.13	0.13	0	0.11	1
Size	公司规模	18797	21.57	1.1	19.83	21.44	23.91
Age	公司年龄	18797	12.12	5.24	1	12	36

续表

变量名称		观测值	平均值	标准差	最小值	中位数	最大值
Ownership	所有权性质	18797	0. 35	0. 48	0	0	1
ROA	ROA	18797	0. 04	0. 05	-0. 08	0. 03	0. 14
Consumer Industy	是否消费者敏感行业	18797	0. 02	0. 14	0	0	1
Sales	销售收入	18797	20. 93	1. 32	18. 68	20. 85	23. 63
Growth	公司成长性	18797	0. 1	0. 15	-0. 21	0. 09	0. 43
Slack	资源冗余	18797	1. 98	1. 72	0. 42	1. 37	7. 26
Diversity	企业多元化程度	18797	0. 36	0. 4	0	0. 17	1. 2
Boardsize	董事会规模	18797	9. 14	1. 94	3	9	19
Indenpent	董事会独立性	18797	0. 36	0. 06	0	0. 33	0. 8
Duality	CEO 两职合一	18797	0. 21	0. 41	0	0	1

（二）变量选择

1. 被解释变量

慈善捐赠。本章借鉴（Zhang et al.，2016）、张建君（2013）的做法，利用（慈善捐赠金额+1）取自然对数来衡量慈善捐赠（Donation），这样可以降低样本数据分布的偏斜程度。

2. 解释变量

女性董事。本章采用两种方法来衡量：①是否有女性董事。如果上市公司董事会中当年有女性董事，则记为1，否则记为0。②女性董事数量。本章在以往研究（Jia & Zhang，2013；Post et al.，2011；Torchia et al.，2011）的基础上，选择女性董事数量超过临界值后的女性董事的人数来衡量女性董事数量。

3. 调节变量

企业所有权性质。如果企业实际控制人为各级政府、国资委或其他国有性质单位的，编码为1，否则编码为0。

女性董事受教育程度。女性董事受教育程度的编码分别为：5 表示博士、4 表示硕士、3 表示本科、2 表示大专、1 表示中专及以下，本章采用董事会中所有女性董事平均受教育程度来衡量。

4. 控制变量

借鉴以往研究（Hillman et al.，2007；周煊等，2016），本章控制了如下变量：①控制了公司特征层面的变量，具体包括公司规模、公司年龄、所有权性质、ROA、是否消费者敏感行业、销售收入、公司成长性、多元化程度、组织冗余。其中本章借鉴李健等（2016）和徐菁（2013）的研究，将 C13（农副食品加工业），C14（食品制造业）、C15（酒和饮料制造业）、C18（纺织服装和服饰业）、C19（皮革、毛皮、羽毛及其制品和制鞋业）、C27（医药制造业）、C36（汽车制造业）、F51（批发业）、F52（零售业）、H61（住宿业）、H62（餐饮业）、N77（生态保护和环境治理业）、N78（公共设施管理业）和 Q83（卫生业）划分为消费者敏感型行业，如果企业所在行业属于消费者敏感性行业，则记为 1，否则为 0。②控制了董事会特征层面的变量，包括董事会规模、董事会独立性、CEO 两职合一。

（三）研究方法

本章采用倾向得分匹配法（PSM）来考察女性董事与企业慈善捐赠二者之间的关系。以往研究大都把董事会中的女性董事作为外生变量，而上市公司是否聘请女性董事取决于外部环境，以及企业需要，也就是说女性董事是内生变量。因此，本章采用 PSM 法以克服样本上市公司聘请女性董事可能存在自选择偏误的内生性问题，以倾向得分值为标准将研究样本进行配对分析，以控制自选择偏误对回归结果的影响。

本章以上市公司是否有女性董事为标准，将研究样本分为两组：有女性董事的处理组，记为 $T_i=1$；没有女性董事的控制组，记为 $T_i=0$。用上市公司的多个特征来估计倾向得分值，在给定样本特征 Xi 的情况下，企业 i 有女性董事的条件概率为

$$\mathrm{P}(X_i) = \Pr(T_i = 1 \mid X_i) = E(T_i \mid X_i)$$

PSM 分析法根据有女性董事的企业和无女性董事的企业间 p 值的相近度进行配对。根据独立性假设条件，借鉴以往研究（Hillman et al.，2007；周煊等，2016），本章选择企业特征和董事会特征两个层面的变量作为匹配向量 X_i，其中企业特征变量包括公司规模、公司年龄、所有权性质、是否消费者敏感行业、企业多元化程度和公司成长性；董事会特征变量包括董事会规模、董事会独立性和两职合一；同时还包括时间变量。然后本章采用 Logit 模型对倾向得分进行了估计，获得的样本接受处理的预测概率作为倾向得分，即 PS 值。在获取 PS 值后，本章选用最近邻匹配法对处理组和控制组样本进行配对分析。

（四）模型设计

根据上述分析，本章建立模型（1）利用 PSM 方法匹配后的样本数据来检验提出的研究假设 1a、2 a 和 3 a：

$$\begin{aligned}\text{Donation}_{it} = {} & \alpha_0 + \alpha_1 \text{FDirector}_{it-1} + \alpha_2 \text{FDirector}_{it-1} \times I_{ijt-1} \\ & + \alpha_3 \sum \text{Controls}_{it-1} + \text{time} + \varepsilon_{it} \end{aligned} \tag{1}$$

为了检验研究假设 1b、2b 和 3b，本章建立了模型（2）：

$$\begin{aligned}\text{Donation}_{it} = {} & \beta_0 + \beta_1 N\_\text{FDirector}_{it-1} + \beta_2 N\_\text{FDirector}_{it-1} \times I_{ijt-1} \\ & + \beta_3 \sum \text{Controls}_{it-1} + \text{time} + \varepsilon_{it} \end{aligned} \tag{2}$$

其中 Donation_{it}，表示 i 上市公司在 t 时间的慈善捐赠，FDirector_{it-1} 表示 i 上市公司在 $t-1$ 时间是否有女性董事，I_{ijt-1} 分别表示 i 上市公司在 $t-1$ 时间企业所有权性质和女性董事受教育程度，$\text{FDirector}_{it-1} \times I_{ijt-1}$ 分别表示 i 上市公司在 $t-1$ 时间企业所有权性质与是否有女性董事的交乘项、女性董事受教育程度与是否有女性董事的交乘项，$N\_\text{FDirector}_{it-1}$ 表示 i 上市公司在 $t-1$ 时间女性董事数量，$N\_\text{FDirector}_{it-1} \times I_{ijt-1}$ 分别表示 i 上市公司在 $t-1$ 时间企业所有权性质与女性董事数量的交乘项、女性董事受教育程度与女性董事数量的交乘项，$\sum \text{Controls}_{it-1}$ 表示 i 上市公司在 t-1 时间一系列控制变量，包括公司规模、公司年龄、所有权性质、ROA、是否消费者敏感行业、销售收入、公司成长性、多元化程度、组织冗余，*time* 是时间哑变量以控制时间效应，ε_{it} 表示随即干扰项。

四、实证结果与分析

（一）主要变量描述性统计分析

各个变量指标的描述性统计如表 4－1 所示。慈善捐赠的均值为 0.01，最大值为 0.12，最小值为 0，表明样本企业慈善捐赠金额存在较大差异。是否有女性董事的均值为 0.67，中位数为 1，表明样本中有 67% 的上市公司聘请了女性董事。从公司特征层面的指标来看，公司规模和公司年龄的均值分别为 21.57 和 12.12，中位数分别为 21.44 和 12，表明样本上市公司的规模和年龄都比较大；所有权性质的均值为 0.35，中位数为 0，表明样本中有 35% 的企业为国有企业；ROA 的平均值为 0.04、中位数为 0.03，表明样本企业的经营业绩普遍偏好；是否消费者敏感行业的均值为 0.02，表明样本中 2% 的企业属于消费者敏感行业；销售收入的均值为 20.93，表明样本上市公司的销售收入比较高；公司成长性的均值为 0.1；企业多元化程度的均值为 0.36。从董事会特征指标来看，董事会规模的均值为 9.14、中位数为 9，表明样本上市公司的董事会规模都比较大；董事会独立性的均值为 0.36、中位数为 0.33，表明样本上市公司董事会中约占 1/3 的董事为独立董事；CEO 两职合一的均值为 0.21，表明样本上市公司中有 21% 的上市公司 CEO 和董事长是两职合一的。

（二）主要变量的相关性分析

本章对主要变量进行相关性分析，结果如表 4－2 所示。其中慈善捐赠与是否有女性董事显著正相关，表明相对于没有女性董事的企业，有女性董事的企业的慈善捐赠会更多；慈善捐赠与女性董事数量也显著正相关，表明女性董事数量越多，企业的慈善捐赠就越多。此外，各个变量之间的相关系数的绝对值基本上都小于 0.3，表明各个变量之间不存在多重共线性问题。

表 4-2 主要变量的相关性矩阵

		1	2	3	4	5	6	7	8
1	慈善捐赠	1							
2	是否有女性董事	0.048***	1						
3	女性董事数量	0.043***	0.726***	1					
4	女性董事占比	0.045***	0.717***	0.959***	1				
5	公司规模	0.024***	-0.073***	-0.070***	-0.115***	1			
6	公司年龄	0.016**	0.051***	0.075***	0.068***	0.178***	1		
7	所有权性质	-0.013**	-0.100***	-0.127***	-0.174***	0.327***	0.111***	1	
8	ROA	0.155***	0.009	0.005	0.006	0.123***	-0.068***	-0.039***	1
9	是否消费者敏感行业	0.106***	0.068***	0.086***	0.083***	-0.058***	0.062***	0.089***	0.067***
10	销售收入	-0.030***	-0.075***	-0.077***	-0.121***	0.865***	0.131***	0.328***	0.187***
11	企业成长性	0.090***	0.008	0.00100	-0.00200	0.260***	-0.076***	-0.002	0.419***
12	资源冗余	0.153***	0.048***	0.051***	0.086***	-0.281***	-0.176***	-0.229***	0.289***
13	企业多元化程度	-0.006	-0.006	-0.015*	-0.026***	0.053***	0.113***	0.055***	-0.082***
14	董事会规模	-0.046***	0.042***	0.084***	-0.117***	0.237***	-0.070***	0.210***	0.006

续表

		1	2	3	4	5	6	7	8
15	董事会独立性	0.098***	-0.029***	-0.053***	0.032***	0.085***	0.131***	0.018***	0.047***
16	CEO 两职合一	0.054***	0.059***	0.066***	0.100***	-0.164***	-0.067***	-0.252***	0.040***
		9	10	11	12	13	14	15	16
9	是否消费者敏感行业	1							
10	销售收入	0.039***	1						
11	企业成长性	0.001	0.214***	1					
12	资源冗余	-0.002	-0.330***	0.041***	1				
13	企业多元化程度	0.008	0.00200	-0.053***	-0.132***	1			
14	董事会规模	-0.007	0.223***	0.045***	-0.155***	0.026***	1		
15	董事会独立性	-0.036***	0.076***	0.016**	0.057***	-0.036***	-0.355***	1	
16	CEO 两职合一	-0.016**	-0.157***	0.022***	0.186***	-0.053***	-0.160***	0.097***	1

注：***、**、*分别表示在1%、5%和10%的水平下显著。

（三）PSM 检验

本章采用了最近邻匹配法对处理组和控制组样本进行了配对分析，选取的主要变量是匹配前后样本特征的对比情况，以及匹配的平衡性检验结果，如表4－3所示。各个样本特征变量在匹配之后的标准偏差值都较小，表明采用的匹配方法合适且效果较好，而且匹配的估计结果也比较可靠。

表4－3　匹配前后的样本特征对比

变量名称	样本	平均值		标准偏差%	t检验	
		处理组组	控制组		t值	P值
公司规模	匹配前	21.653	21.809	－13.9	－7.53	0.000
	匹配后	21.653	21.622	2.8	1.90	0.057
公司年龄	匹配前	13.596	13.111	9.6	5.06	0.000
	匹配后	13.596	13.580	0.3	0.20	0.839
所有权性质	匹配前	0.414	0.501	－17.6	－9.45	0.000
	匹配后	0.414	0.421	－1.3	－0.89	0.373
董事会规模	匹配前	9.011	8.855	8.5	4.51	0.000
	匹配后	9.011	9.008	0.2	0.12	0.901
董事会独立性	匹配前	0.366	0.371	－8.2	－4.45	0.000
	匹配后	0.366	0.365	1.7	1.21	0.226
CEO两职合一	匹配前	0.224	0.182	10.5	5.54	0.000
	匹配后	0.224	0.223	0.1	0.07	0.943
是否消费者敏感行业	匹配前	0.042	0.022	11.4	5.78	0.000
	匹配后	0.042	0.039	1.8	1.06	0.291
多元化程度	匹配前	0.349	0.351	－0.4	－0.24	0.810
	匹配后	0.349	0.355	－1.5	－1.03	0.302
公司成长性	匹配前	0.107	0.107	－0.1	－0.03	0.978
	匹配后	0.107	0.109	－1.2	－0.82	0.412

由表4－3的t值检验结果可知，在采用PSM法进行匹配前，除了多元化程度和公司成长性这三个特征指标外，其他特征变量指标的均值

都存在显著性差异，而经过 PSM 法匹配后，公司规模、公司年龄、所有权性质、董事会规模、董事会独立性和 CEO 两职合一、是否消费者敏感行业等特征变量指标的均值不存在显著差异。此外，匹配后各变量的标准化偏差的绝对值均低于 5%，表明样本数据满足平行性假设。

（四）匹配后的回归分析

为了检验研究假设 1a、1b、2a、2b、3a、3b，本章利用 PSM 方法匹配后的样本数据考察了女性董事对慈善捐赠的影响，以及企业所有权性质和女性董事受教育程度对二者关系的调节作用，结果如表 4－4 所示。模型 1 只放入了所有控制变量，发现公司规模、ROA、董事会规模、CEP 两职合一、组织冗余和多元化程度与慈善捐赠显著正相关，而公司年龄、所有权性质和销售收入都与慈善捐赠显著负相关。由模型 2 的结果可知，是否有女性董事与慈善捐赠显著正相关，回归系数为 0.004，并在 0.5% 的水平上通过显著性检验，表明相对于没有女性董事的上市公司，有女性董事的上市公司的慈善捐赠会更多，即研究假设 1a 得到了支持。模型 6 的回归结果显示，女性董事数量与慈善捐赠也显著正相关，回归系数为 0.006，并在 10% 的水平上通过显著性检验，表明董事会中女性董事数量越多，上市公司的慈善捐赠就越多，即研究假设 1b 得到了支持。

本章进一步考察了企业所有权性质和女性董事受教育程度对女性董事与慈善捐赠二者关系的调节作用。模型 3 和模型 7 分别报告了企业所有权性质调节作用的回归结果，由模型 3 的结果可知，是否有女性董事和企业所有权性质的交乘项与慈善捐赠显著负向相关，回归系数为－0.004，并在 0.5% 的水平上通过显著性检验，表明在国有企业削弱了董事会中有女性董事对慈善捐赠的正向影响，研究假设 2a 得到了支持。由模型 7 的结果可知，女性董事数量和企业所有权性质的交乘项与慈善捐赠显著负向相关，回归系数为－0.012，并在 10% 的水平上通过显著性检验，表明在国有企业也削弱了女性董事数量对慈善捐赠的正向影响，研究假设 2b 也得到了支持。

表 4－4　匹配后样本数据的回归结果

变量名称	模型 1	模型 2	模型 3	模型 4	模型 5	模型 6	模型 7	模型 8
公司规模	0.008^{***}	0.009^{***}	0.009^{***}	0.009^{***}	0.008^{***}	0.014^{***}	0.013^{***}	0.015^{***}
	(0.00)	(0.00)	(0.00)	(0.00)	(0.00)	(0.00)	(0.00)	(0.00)
公司年龄	-0.000^{***}	-0.000^{*}	-0.000^{*}	-0.000^{*}	-0.000^{*}	-0.001^{+}	-0.001^{+}	-0.001
	(0.00)	(0.00)	(0.00)	(0.00)	(0.00)	(0.00)	(0.00)	(0.00)
所有权性质	-0.009^{***}	-0.009^{***}	-0.006^{***}	-0.009^{***}	-0.009^{***}	-0.014^{***}	0.038	-0.012^{*}
	(0.00)	(0.00)	(0.00)	(0.00)	(0.00)	(0.00)	(0.03)	(0.00)
ROA	0.107^{***}	0.107^{***}	0.106^{***}	0.107^{***}	0.106^{***}	0.085^{+}	0.077	0.083^{+}
	(0.01)	(0.01)	(0.01)	(0.01)	(0.01)	(0.05)	(0.05)	(0.05)
销售收入	-0.007^{***}	-0.007^{***}	-0.007^{***}	-0.007^{***}	-0.007^{***}	-0.007^{+}	-0.006^{+}	-0.007^{*}
	(0.00)	(0.00)	(0.00)	(0.00)	(0.00)	(0.00)	(0.00)	(0.00)
董事会规模	0.000^{*}	0.000	0.000	0.000	0.000	0.003^{*}	0.002^{*}	0.003^{*}
	(0.00)	(0.00)	(0.00)	(0.00)	(0.00)	(0.00)	(0.00)	(0.00)
董事会独立性	0.000	0.000	0.000	0.000	-0.001	-0.007	0.005	-0.019
	(0.01)	(0.01)	(0.01)	(0.01)	(0.01)	(0.05)	(0.05)	(0.05)
公司成长性	0.004	0.004	0.004	0.003	0.004	0.017	0.018	0.015
	(0.00)	(0.00)	(0.00)	(0.00)	(0.00)	(0.02)	(0.02)	(0.02)
是否消费者敏感行业	-0.086^{*}	-0.004	-0.004	-0.004	-0.004	-0.004	-0.004	-0.004
	(0.03)	(0.03)	(0.03)	(0.03)	(0.03)	(0.03)	(0.03)	(0.03)
CEO 两职合一	0.003^{***}	0.002^{*}	0.002^{*}	0.002^{*}	0.003^{***}	0.005	0.005	0.004
	(0.00)	(0.00)	(0.00)	(0.00)	(0.00)	(0.01)	(0.01)	(0.01)
组织冗余	0.001^{***}	0.001^{***}	0.001^{***}	0.001^{***}	0.001^{***}	0.002^{+}	0.002^{+}	0.002
	(0.00)	(0.00)	(0.00)	(0.00)	(0.00)	(0.00)	(0.00)	(0.00)

续表

变量名称	模型 1	模型 2	模型 3	模型 4	模型 5	模型 6	模型 7	模型 8
多元化程度	0.003*** (0.00)	0.003*** (0.00)	0.003*** (0.00)	0.003*** (0.00)	0.003*** (0.00)	0.009 (0.01)	0.008 (0.01)	0.010+ (0.01)
是否有女性董事		0.004*** (0.00)	0.006*** (0.00)	0.003*** (0.00)				
是否有女性董事×所有权性质			-0.004** (0.00)					
是否有女性董事×女性董事受教育程度				0.001*** (0.00)				
女性董事数量						0.006+ (0.00)	0.010* (0.00)	0.005 (0.00)
女性董事数量×所有权性质							-0.012+ (0.01)	
女性董事数量×女性董事受教育程度								0.001+ (0.00)
常　数	-0.0070 (0.01)	-0.019* (0.01)	-0.020* (0.01)	-0.019* (0.01)	-0.015+ (0.01)	-0.212*** (0.06)	-0.226*** (0.06)	-0.206*** (0.06)
时间效应	控制	控制	控制	控制	控制	控制	控制	控制
观测值	9526	9526	9526	9526	309	309	309	309
R^2	0.105	0.106	0.107	0.108	0.104	0.187	0.194	0.195
F 值	66.416	56.595	54.259	54.555	56.312	3.303	3.298	3.316
ll	22000	19000	19000	19000	19000	601.893	603.382	603.543

注：+ $p < 0.1$，* $p < 0.05$，** $p < 0.01$，*** $p < 0.005$，括号内数值为标准误。

模型4和模型8分别报告了女性董事受教育程度调节作用的回归结果，由模型4的结果可知，是否有女性董事和女性董事受教育程度的交乘项与慈善捐赠显著正向相关，回归系数为0.001，并在0.5%的水平上通过显著性检验，表明女性董事受教育程度增强了董事会中有女性董事对慈善捐赠的正向影响，研究假设3a得到了支持。由模型8的结果可知，女性董事数量和女性董事受教育程度的交乘项与慈善捐赠显著正向相关，回归系数为0.001，并在10%的水平上通过显著性检验，表明女性董事受教育程度也增强了女性董事数量对慈善捐赠的正向影响，研究假设3b也得到了支持。

（五）稳健性检验

为了进一步检验回归结果的稳健性，本章采用Heckman两阶段模型对样本数据进行了实证检验。第一阶段采用Probit模型来估计上市公司聘请女性董事的米尔斯反比，建立模型（3）：

$$\text{Ø}^{-1}(p(FDirector_{it})) = \gamma_0 + \sum \gamma_\kappa X_{it-1} + time + \varepsilon_{it} \tag{3}$$

其中p（$FDirector_{it}$），表示i上市公司在t时间聘任女性董事的概率；$\sum X_{it-1}$表示一系列影响上市公司聘任女性董事的企业层面和董事会层面的变量指标，分别表示i上市公司在$t-1$时间的公司规模、公司年龄、所有权性质、是否消费者敏感行业、多元化程度、公司成长性、董事会规模、董事会独立性和两职合一；$time$用以控制时间效应；ε_{it}表示随机误差项。

本章根据Heckman第一阶段选择模型的回归结果计算出米尔斯反比（InverseMills），然后将米尔斯反比代入Heckman第二阶段结果回归模型中以控制自选择偏误，建立模型（4）：

$$\begin{aligned} Donation_{it} &= \delta_0 + \delta_1 X_{it-1} + \delta_2 K_{it-1} + \delta_3 Inversemills_{it-1} \\ &\quad + \delta_4 \sum Controls_{it-1} + time + \varepsilon_{it} \end{aligned} \tag{4}$$

$Donation_{it}$表示i上市公司在t时间慈善捐赠额，X_{it-1}分别表示i上市公司在$t-1$时间是否有女性董事和女性董事数量，K_{it-1}分别表示i上市公司

在 $t-1$ 时间企业所有权性质与是否有女性董事的交乘项、女性董事受教育程度与是否有女性董事的交乘项、企业所有权性质与女性董事数量的交乘项、女性董事受教育程度与女性董事数量的交乘项，$\sum Controls_{it-1}$ 表示一系列控制变量，包括 i 上市公司在 $t-1$ 时间公司规模、公司年龄、所有权性质、ROA、是否消费者敏感行业、销售收入、公司成长性、企业多元化程度、组织冗余，$time$ 是时间哑变量以控制时间效应，ε_{it} 表示随即干扰项。

Heckman 两阶段模型的回归结果如表 4－5 所示。模型 1 报告了 Heckman 第一阶段选择模型的回归结果，公司年龄、董事会规模、两职合一、是否消费者敏感行业和公司成长性都对上市公司是否聘任女性董事有显著正向影响，公司规模、所有权性质和董事会独立性都对上市公司是否聘任女性董事有显著负向影响。

根据 Heckman 选择模型的回归结果，计算出米尔斯反比代入到 Heckman 结果模型中，表 4－5 中的模型 2－模型 8 报告了 Heckman 第二阶段结果模型的回归结果。由模型 3 的结果可知，上市公司有女性董事对慈善捐赠有显著的正向影响，并在 0.5% 水平下通过显著性检验，，研究结论不变，研究假设 1a 仍然得到支持。由模型 4 和模型 5 的结果可知，是否有女性董事 × 企业所有权性质与慈善捐赠显著负相关，是否有女性董事 × 女性董事受教育程度与慈善捐赠显著正相关，而且两个交乘项分别都在 0.5% 水平下通过显著性检验，研究结论不变，研究假设 2a 和 3a 也仍然得到支持。

由表 4－5 模型 6 的回归结果可知，女性董事数量对上市公司慈善捐赠有显著正向影响，回归系数在 10% 的水平上通过显著性检验，表明研究假设 1b 仍然得到支持，研究结论不变。模型 7 报告了企业所有权性质对女性董事与慈善捐赠二者关系调节作用的回归结果，回归系数为 －0.014，且在 5% 水平上通过显著性检验，研究结论不变，表明研究假设 2b 仍然得到支持。模型 8 报告了女性董事受教育程度对女性董事与慈善捐赠二者关系调节作用的回归结果，回归系数没有通过显著性检验，表明研究假设 3b 没有得到支持。

表 4－5 Heckman 两阶段模型回归结果

变量名称	选择模型	Heckman 结果模型						
	是否有女性董事	慈善捐赠						
	模型 1	模型 2	模型 3	模型 4	模型 5	模型 6	模型 7	模型 8
公司规模	−0.111*** (0.01)	0.013*** (0.00)	0.013*** (0.00)	0.014*** (0.00)	0.013*** (0.00)	0.030 + (0.02)	0.032* (0.02)	0.032* (0.02)
公司年龄	0.010*** (0.00)	−0.001*** (0.00)	−0.001*** (0.00)	−0.001*** (0.00)	−0.001*** (0.00)	−0.002 (0.00)	−0.003 + (0.00)	−0.002 + (0.00)
所有权性质	−0.154*** (0.03)	−0.001 (0.00)	−0.002 (0.00)	0.002 (0.00)	−0.001 (0.00)	0.011 (0.02)	0.076 + (0.04)	0.015 (0.02)
董事会规模	0.065*** (0.01)	−0.003* (0.00)	−0.003+ (0.00)	−0.003* (0.00)	−0.003* (0.00)	−0.006 (0.01)	−0.008 (0.01)	−0.008 (0.01)
董事会独立性	−0.507* (0.23)	0.025* (0.01)	0.024+ (0.01)	0.027* (0.01)	0.024+ (0.01)	0.068 (0.09)	0.094 (0.09)	0.070 (0.09)
CEO 两职合一	0.093*** (0.03)	−0.002 (0.00)	−0.002 (0.00)	−0.002 (0.00)	−0.002 (0.00)	−0.007 (0.01)	−0.009 (0.01)	−0.009 (0.01)
是否消费者敏感行业	0.224*** (0.07)	−0.018 (0.01)	0.014 (0.02)	0.009 (0.02)	0.010 (0.02)	0.009 (0.02)	0.006 (0.02)	0.005 (0.02)

续表

变量名称	选择模型	Heckman 结果模型						
	是否有女性董事	慈善捐赠						
	模型 1	模型 2	模型 3	模型 4	模型 5	模型 6	模型 7	模型 8
多元化程度	0.039 (0.03)	0.001 (0.00)	0.001 (0.00)	0.001 (0.00)	0.001 (0.00)	0.002 (0.01)	0.000 (0.01)	0.002 (0.01)
公司成长性	0.170* (0.08)	-0.004 (0.00)	-0.004 (0.00)	-0.005 (0.00)	-0.004 (0.00)	0.001 (0.03)	-0.003 (0.03)	-0.002 (0.03)
组织冗余		0.001*** (0.00)	0.001*** (0.00)	0.001*** (0.00)	0.001*** (0.00)	0.002 (0.00)	0.002 (0.00)	0.002 (0.00)
ROA		0.107*** (0.01)	0.109*** (0.01)	0.108*** (0.01)	0.108*** (0.01)	0.085+ (0.05)	0.074 (0.05)	0.085+ (0.05)
销售收入		-0.007*** (0.00)	-0.007*** (0.00)	-0.007*** (0.00)	-0.007*** (0.00)	-0.008* (0.00)	-0.007+ (0.00)	-0.008* (0.00)
米尔斯反比		-0.090* (0.04)	-0.085* (0.04)	-0.096* (0.04)	-0.088* (0.04)	-0.297 (0.28)	-0.352 (0.28)	-0.333 (0.28)
是否有女性董事			0.004*** (0.00)	0.006*** (0.00)	0.002*** (0.00)			
是否有女性董事×所有权性质				-0.005*** (0.00)				

续表

变量名称	选择模型	Heckman 结果模型						
	是否有女性董事	慈善捐赠						
	模型 1	模型 2	模型 3	模型 4	模型 5	模型 6	模型 7	模型 8
是否有女性董事×女性董事受教育程度					0.001*** (0.00)			
女性董事数量						0.006+ (0.00)	0.011** (0.00)	0.006+ (0.00)
女性董事数量×所有权性质							-0.014* (0.01)	
女性董事数量×女性董事受教育程度								0.000 (0.00)
常　数	2.535*** (0.27)	-0.046* (0.02)	-0.050** (0.02)	-0.056*** (0.02)	-0.051** (0.02)	-0.283** (0.10)	-0.321*** (0.11)	-0.291** (0.10)
时间效应	控制	控制	控制	控制	控制	控制	控制	控制
观测值	13194	11001	11001	11001	11001	321	321	321
R^2	-	0.106	0.107	0.108	0.108	0.183	0.194	0.189
F 值	-	63.554	62.79	60.527	60.669	3.196	3.260	3.148
ll	-8000	22000	22000	22000	22000	620.70	622.81	621.74

注：+ $p < 0.1$，* $p < 0.05$，** $p < 0.01$，*** $p < 0.005$，括号内数值为标准误。

根据 Heckman 两阶段模型的稳健性检验结果表明，表 4－5 与表 4－4的结果大致相同，研究结论基本没有变化，除了女性董事受教育程度对女性董事数量与慈善捐赠二者关系的调节作用不显著外。总体而言，本章的研究结论是稳健的。

五、结论与启示

本章利用2002—2014 年中国上市公司的样本数据实证考察了女性董事对慈善捐赠的影响，研究结果发现：①有女性董事的上市公司的慈善捐赠额要多于没有女性董事的上市公司，而且女性董事数量超过临界值后，女性董事越多，上市公司的慈善捐赠额也越多，在一定程度上证明了女性董事拥有权力后能够在慈善捐赠决策中真正发挥作用，进而有助于上市公司积极开展慈善捐赠活动；②在国有企业，董事会中有女性董事和女性董事数量对慈善捐赠的正向影响都被削弱了；③女性董事受教育程度则增强了董事会中有女性董事和女性董事数量对慈善捐赠的正向影响。

以往有关企业社会责任的研究较少关注董事会对制订企业社会责任决策的影响（Raoetal.，Tilt，2016），本章的研究丰富了女性董事参与战略决策和企业社会责任领域的研究成果，同时为深入理解女性董事如何能在慈善捐赠决策中真正发挥作用提供一定的实证依据。本章研究发现，企业有女性董事能够促进企业积极开展慈善捐赠活动，对推进上市公司积极开展慈善行为提供了经验证据和参考价值。在新时代，企业的慈善捐赠被赋予了新使命，本章的研究也为促进企业积极主动担当新使命提供了一定的政策启示：中国监管部门可以在政策层面鼓励企业结合实际经营情况，积极聘请女性加入董事会，合理发挥女性董事的优势来促进企业主动开展慈善捐赠活动。此外，为了确保女性董事在参与董事会决策中能够真正发挥作用，企业聘请女性董事时还需要考虑董事会中女性董事的数量及其专业能力，让她们在参与董事会决策中拥有足够的话语权，从而有利于女性董事在企业慈善捐赠中充分发挥作用，促进企业积极主动开展慈善捐赠。

第五章　学者董事对企业国际化程度的影响分析

一、引　言

2015 年 11 月初，教育部办公厅发布《关于开展党政领导干部在企业兼职情况专项检查的通知》，明确要求高校开展党政领导干部在企业兼职情况专项检查工作，12 月 1 日，教育部网站对部属高校违反中央八项规定典型案件进行通报，部分高校领导因违规兼职取酬被免职，此外几十家上市公司发布公告，宣布高校系独董辞职（陶喜年，2015），来自高校的学者董事又一次成为公众关注的焦点。本章将董事会中有高校①及科研院所②工作背景的独立董事称为学者董事。自 2001 年 A 股实施独立董事制度以来，来自高校的学者董事在中国上市公司董事会中普遍存在，根据 Wind 数据显示，截至 2015 年 12 月 2 日，A 股上市公司中，近 1/3 的独董是由高等院校在任或曾任的教授兼任。从学者董事所在高校的分布情况来看，2004—2014 年排在前 20 位的都是国内著名高校，如清华大学、北京大学、中国人民大学、浙江大学、复旦大学、南京大学、厦门大学、中山大学等，其中每年来自前 20 名高校的学者董事占全部学者董事职位的比例都超过 40%，如表 5 - 1 所示。

① 全国普通高等学校的详细名单见教育部官网网址。http：//www. moe. gov. cn/publicfiles/business/htmlfiles/moe/moe_ 634/201505/187754. html .

② 科研院所主要包括中国科学院、中国社会科学院和中国农业科学院，以及在各省市的分院。

表 5 -1　2004—2014 年学者独立董事所在高校的前 20 名高校情况

排名	2004 年			2005 年			2006 年		
	大学	数量	占比（%）	大学	数量	占比（%）	大学	数量	占比（%）
1	中国人民大学	52	4.52	中国人民大学	65	4.08	中国人民大学	65	3.76
2	上海财经大学	47	4.09	上海财经大学	63	3.95	清华大学	62	3.59
3	清华大学	44	3.83	清华大学	57	3.58	上海财经大学	58	3.36
4	北京大学	40	3.48	北京大学	52	3.26	上海交通大学	52	3.01
5	武汉大学	38	3.3	上海交通大学	47	2.95	北京大学	48	2.78
6	南京大学	33	2.87	南京大学	41	2.57	武汉大学	43	2.49
7	复旦大学	31	2.7	武汉大学	40	2.51	复旦大学	42	2.43
8	上海交通大学	31	2.7	复旦大学	36	2.26	南京大学	39	2.26
9	浙江大学	31	2.7	浙江大学	36	2.26	中央财经大学	39	2.26
10	中山大学	31	2.7	厦门大学	32	2.01	厦门大学	37	2.14
11	厦门大学	28	2.43	中央财经大学	32	2.01	浙江大学	36	2.08
12	中南财经政法大学	24	2.09	西南财经人学	30	1.88	浙江财经大学	32	1.85
13	中央财经大学	24	2.09	浙江财经大学	29	1.82	中南财经政法大学	31	1.8
14	西南财经大学	23	2.00	中山大学	29	1.82	中山大学	30	1.74
15	西安交通大学	22	1.91	中南财经政法大学	28	1.76	中国社会科学院	28	1.62
16	东北财经大学	21	1.83	中国社会科学院	26	1.63	同济大学	26	1.51
17	湖南大学	21	1.83	同济大学	24	1.51	西南财经大学	26	1.51
18	深圳大学	19	1.65	南开大学	22	1.38	东北财经大学	22	1.27
19	南开大学	18	1.57	西安交通大学	22	1.38	湖南大学	20	1.16
20	四川大学	16	1.39	东北财经大学	21	1.32	南开大学	20	1.16
占比合计			51.65	占比合计		45.95	占比合计		43.78

续表

排名	2007年			2008年			2009年		
	大学	数量	占比(%)	大学	数量	占比(%)	大学	数量	占比(%)
1	清华大学	78	4.18	中国人民大学	82	3.81	清华大学	87	3.73
2	中国人民大学	67	3.59	清华大学	74	3.44	中国人民大学	80	3.43
3	上海财经大学	61	3.27	上海财经大学	65	3.02	上海财经大学	68	2.92
4	浙江大学	51	2.74	厦门大学	57	2.65	厦门大学	62	2.66
5	上海交通大学	50	2.68	上海交通大学	56	2.6	北京大学	59	2.53
6	南京大学	46	2.47	北京大学	53	2.46	上海交通大学	55	2.36
7	北京大学	45	2.41	复旦大学	50	2.32	南京大学	54	2.32
8	厦门大学	44	2.36	南京大学	48	2.23	浙江大学	53	2.27
9	武汉大学	43	2.31	武汉大学	48	2.23	西南财经大学	48	2.06
10	复旦大学	42	2.25	浙江大学	47	2.18	浙江财经大学	48	2.06
11	浙江财经大学	38	2.04	浙江财经大学	44	2.04	复旦大学	47	2.02
12	中央财经大学	38	2.04	西南财经大学	41	1.9	武汉大学	47	2.02
13	中山大学	33	1.77	中国社会科学院	40	1.86	中国社会科学院	41	1.76
14	中南财经政法大学	32	1.72	中央财经大学	34	1.58	中山大学	40	1.72
15	西南财经大学	28	1.5	中山大学	33	1.53	中央财经大学	35	1.5
16	中国社会科学院	28	1.5	西安交通大学	30	1.39	湖南大学	30	1.29
17	西安交通大学	27	1.45	东北财经大学	29	1.35	中南财经政法大学	30	1.29
18	东北财经大学	25	1.34	中南财经政法大学	29	1.35	山东大学	29	1.24
19	深圳大学	23	1.23	山东大学	27	1.25	西安交通大学	29	1.24
20	山东大学	22	1.18	湖南大学	26	1.21	东北财经大学	28	1.2
占比合计			44.05	占比合计		42.39	占比合计		41.63

续表

排名	2010年			2011年			2012年		
	大学	数量	占比(%)	大学	数量	占比(%)	大学	数量	占比(%)
1	中国人民大学	100	3.65	清华大学	113	3.69	清华大学	114	3.45
2	清华大学	95	3.47	北京大学	105	3.43	北京大学	110	3.33
3	北京大学	86	3.14	中国人民大学	105	3.43	中国人民大学	110	3.33
4	厦门大学	78	2.85	厦门大学	84	2.74	浙江大学	94	2.85
5	浙江大学	72	2.63	浙江大学	81	2.64	厦门大学	82	2.48
6	南京大学	68	2.48	南京大学	71	2.32	上海财经大学	75	2.27
7	上海财经大学	63	2.3	上海财经大学	68	2.22	中山大学	75	2.27
8	西南财经大学	59	2.15	中山大学	67	2.19	中央财经大学	73	2.21
9	复旦大学	58	2.12	中央财经大学	66	2.15	南京大学	72	2.18
10	上海交通大学	57	2.08	西南财经大学	61	1.99	西南财经大学	67	2.03
11	中山大学	55	2.01	复旦大学	59	1.93	复旦大学	65	1.97
12	浙江财经大学	53	1.93	上海交通大学	55	1.8	浙江财经大学	64	1.94
13	中央财经大学	50	1.82	浙江财经大学	54	1.76	上海交通大学	63	1.91
14	武汉大学	44	1.61	中国社会科学院	50	1.63	武汉大学	50	1.51
15	中国社会科学院	42	1.53	华南理工大学	44	1.44	湖南大学	46	1.39
16	华南理工大学	39	1.42	武汉大学	43	1.4	华南理工大学	46	1.39
17	湖南大学	35	1.28	东北财经大学	37	1.21	中国社会科学院	46	1.39
18	华中科技大学	32	1.17	湖南大学	37	1.21	东北财经大学	41	1.24
19	东北财经大学	31	1.13	浙江工商大学	36	1.17	山东大学	40	1.21
20	浙江工商大学	31	1.13	中南财经政法大学	36	1.17	西安交通大学	39	1.18
占比合计			41.88	占比合计		41.51	占比合计		41.55

续表

排名	2013 年			2014 年		
	大学	数量	占比（%）	大学	数量	占比（%）
1	清华大学	126	3.73	清华大学	131	3.67
2	北京大学	115	3.41	北京大学	124	3.47
3	中国人民大学	110	3.26	中国人民大学	119	3.33
4	浙江大学	96	2.84	浙江大学	113	3.16
5	厦门大学	92	2.73	厦门大学	106	2.97
6	中山大学	77	2.28	中山大学	89	2.49
7	南京大学	75	2.22	中央财经大学	88	2.46
8	上海财经大学	75	2.22	西南财经大学	87	2.44
9	中央财经大学	75	2.22	上海财经大学	83	2.32
10	西南财经大学	72	2.13	复旦大学	81	2.27
11	浙江财经大学	70	2.07	南京大学	78	2.18
12	复旦大学	69	2.04	浙江财经大学	69	1.93
13	武汉大学	58	1.72	上海交通大学	64	1.79
14	上海交通大学	55	1.63	华南理工大学	54	1.51
15	湖南大学	51	1.51	中南财经政法大学	54	1.51
16	华南理工大学	50	1.48	西安交通大学	53	1.48
17	中国社会科学院	47	1.39	武汉大学	52	1.46
18	中南财经政法大学	43	1.27	湖南大学	51	1.43
19	东北财经大学	42	1.24	南开大学	46	1.29
20	山东大学	39	1.16	暨南大学	45	1.26
占比合计			42.57	占比合计		44.44

然而独立董事“不廉”“不勤”“不独”“不懂”等头衔十数年来如影随形、挥之不去（郭成林等，2014），学者董事更是被冠以“橡皮

图章”或“花瓶”，主要原因是认为他们没有起到监督作用，然而学者董事的监督职能并不是影响企业唯一的路径（Mcdonald et al.，2008），这样评价有失公允，因为作为独董的学者董事还可以通过参与战略决策和提供资源等发挥咨询职能来影响企业（Westphal，1999；Hillman & Dalziel，2003；刘浩等，2012；胡元木等，2012；2015）。尽管国内外学者对独立董事展开了大量的研究，但以往研究较多关注来自政府、银行、企业的独立董事，仅少有的成果探索了学者董事，如 Audretsch & Stephan（1996）和 Audretsch & Lehmann（2006）提出学者拥有的智力能力使其能够担当董事的咨询和监督角色；White et al.（2014）分析了董事会聘请学者董事的影响因素，也是首次专门研究学者董事的成果。还有些学者在探讨独立董事时涉及学者董事，如谭劲松等（2003）、魏刚等（2007）。从研究独立董事的现有成果来看，这些研究更多地讨论了独立董事的监督职能（张翼、马光，2005；胡奕明、唐松莲，2008；陈运森、谢德仁，2011），探讨独立董事咨询功能的研究十分匮乏（龚辉锋、茅宁，2014），且这些少有的成果彼此间的研究结论还存在着一些矛盾，结果也尚不确定（刘春等，2015）。我们认为导致上述结果的一个重要原因在于以往研究将独立董事视为同质的，而不同的独立董事其拥有的人力资本和社会资本是存在差异的，只有当每位独立董事拥有“正确”类型的专业知识时才能使其在不同的情境中更有效地发挥咨询职能（Pfeffer & Salancik，1978；Carpenter & Westphal，2001；Hillman & Dalziel，2003），所以他们发挥咨询职能的效果，以及发挥咨询职能所需条件是存在差异的。已有研究也证明了不同董事在个人知识和技能方面的差异对董事会治理效率有显著影响（Forbes et al.，1999）。因此，在讨论独立董事的咨询职能时也需要将不同董事区别开来，才能有效识别独立董事所发挥的咨询职能。此外，以往研究也较少在概念层面系统分析不同独立董事所拥有专业知识的性质和来源，更是很少分析独立董事所掌握的某领域专业知识是否有利于企业制定或成功实施某种战略方案（Mcdonald et al.，2008）。为了做出最佳的战略决策，独立董事要有动机参与决策，并具有提供相关经验、知识和技能的能力（Tian et al.，2011），所以说独立董事拥有的人力资本和社会资本是影响独立董事发挥咨询职能的重要前置变量。

Pfeffer 和 Salancik（1978）指出，当企业聘请董事时，它期望这个董事能够帮助企业解决面临的问题，董事拥有的人力资本和社会资本可以为企业提供解决问题所需要的重要资源（Hillman & Dalziel，2003），学者董事不同于来自企业、银行和政府等组织的独立董事，与其他独立董事相比，他们拥有异质的人力资本和社会资本，给企业带来的资源也是异质的（Lesteret al.，2008）。因此，学者拥有的人力资本和社会资本是影响企业是否会聘请他担任独立董事的重要因素。什么样的企业需要独立董事来发挥咨询职能呢？Pfeffer（1972），Linck 等（2008）和 Coles 等（2008）等都提出，复杂度高的企业对董事的咨询和资源提供职能有更强的需求。因为，随着企业复杂度增加，企业对外部资源的依赖增加，企业对董事咨询职能的需求就越大（Pfeffer，1972），外部董事可以为企业带来广泛的、有价值的想法和专业知识（Anderson et al.，2011），这将更有益于业务复杂度高或地理跨度大的企业（Linck et al.，2008）。基于此，本章重点关注学者董事对企业国际化战略决策的影响，原因在于，中国企业的国际化经验相对较少，拥有丰富国际化经验的企业高管和非学者独立董事也较少，企业很难积累足够的经验帮助其做出偏差较少的决策，因此，在国际化战略决策情境中，相对于其他董事，学者董事更容易发挥他们独特的价值。

二、理论分析与研究假设

（一）学者董事独特的人力资本和社会资本

董事拥有的人力资本和社会资本决定了其为企业提供资源的能力（Hillman et al.，2007），董事候选人的人力资本和社会资本是影响企业是否会聘请他担任董事的重要因素（Olson & Adams，2004），是独立董事具备的个人治理能力优势（杨锴等，2018）。相对于其他董事来讲，学者董事拥有的人力资本和社会资本具有5个特点：①学者董事大多拥有较高学历学位，大都经历过较长时间系统的学术训练，通过“引致学习”或者“刻意学习”形成了自己的知识体系，从而具备更强的抽象能力；②学者董事拥有比较系统、扎实的理论功底，掌握特定领域比较完善和全面的专业理论知识，使得他们在专长的领域内对关键问题有更广泛、更全面的认识（Sternberg，1997）；③学者董事一般通过长期学习，掌握了一定的科学研究方法，有较强的基于抽象知识处理和分析信息的能力；④学者董事的社会地位较高，影响力较大，再加上中国尊师重教、尊崇专家的传统，学者独立董事，尤其是知名学者独立董事的声誉较高；⑤学者董事可以帮助企业获取高校资源，如为企业提供优秀毕业生，帮助企业获取相关领域的专业知识、专利、技术或技术信息等。

学者董事拥有独特的人力资本和社会资本可以给企业带来独特的价值和资源，具体包括提供咨询和建议，建立与外部组织交流信息或更易获得重要资源的渠道（Hillman & Dalziel，2003；Pfeffer & Salancik，1978）。与来自政府、银行、企业的董事相比，学者独立董事拥有的独特人力资本和社会资本必然导致他们给企业带来独特性的资源和价值，这直接影响着学者董事在董事会如何发挥作用。

（二）学者董事与企业国际化战略决策

Mcdonald et al.（2008）提出决策者进行复杂决策时经常会面临三大挑战：信息超载、时间约束和评估决策方案的长期战略意义。心理学文献则指出当人们面临问题寻求解决方案时，往往有两种基本策略：一是应用问题相关领域的抽象知识，如问题的关键因果联系，寻找解决方案；二是将当前的问题与以往类似的经验进行类比，从经验中寻找可行的办法（Anderson et al.，1997）。由于中国企业国际化经验比较缺乏，企业高管和非学者独立董事的国际化经验比较匮乏，这就导致企业无法依据过去的国际化经验做出偏差较少的决策，那么在企业国际化战略决策中，应用抽象知识则成为企业寻求解决方案的重要策略。研究专业知识的学者一致认为，专家、学者已经掌握了相关领域的抽象知识（Ericsson & Lehman, 1996; Glaser & Chi, 1988; Sternberg, 1997), 在他们专长的领域内对关键问题有更广泛、更全面的认识 (Sternberg, 1997), 所以专家、学者在他们的专业领域内拥有较强的解决问题和制定复杂决策的能力。所以相对于其他董事来讲, 学者董事拥有独特的人力资本和社会资本使得他们在参与复杂决策时比其他董事在帮助企业处理信息超载、时间约束和长期战略导向带来的挑战时更有优势, 具体分析如下:

(1) 扎实的理论训练能够为学者董事提供分析复杂问题的思考框架, 提高抽象能力, 以处理复杂问题 (Baumol, 1993), 任何决策者面临的首要问题就是从无限的信息和问题中选择他们认为重要的问题来加以解决。此外, 学者董事掌握的专业理论知识可以帮助他们了解和超越自己的能力极限 (Jiang et al., 2007), 因为他们掌握的理论和专业知识经过一定时期的积累已经转化为某特定领域完善的抽象知识, 这些抽象知识对在某个特定领域内有效制定决策是非常重要的 (Chi, Feltovich & Glaser, 1981), 因为这种抽象知识提高了学者董事筛选大量信息的能力 (March, 1994), 可以帮助他们在错综复杂的模糊信息中分析出问题的因果关系, 大大提高他们区别重要信息和非重要信息的能力 (Glaser & Chi, 1988; Sternberg, 1997), 从而可以有效处理复杂决策固有的“信息超载”带来的挑战, 进而可以帮助企业准确界定当前面临的关键问题、识别问题解决方案的范围, 最后从中选择有效地解决方案。

(2) 学者董事掌握了完善的专业知识体系和严谨的研究方法, 可以帮助他们有效处理制定复杂决策时面临的时间约束挑战, 已有研究表明 (Glaser & Chi, 1988; Carpenter & Westphal, 2001), 一般获取博士学位的学者董事具有较强的深层洞察力和判断力, 利用他们掌握广泛的、完善的抽象知识大大提高了处理相关决策信息的速度和准确性, 并制订出好的解决方案。如 Glaser & Chi (1988) 所说, 学者董事能够快速做出好决策的部分原因在于他们拥有更高级的抽象知识, 使得他们能够大大减少广泛的认知搜寻过程而找到有效方案。

(3) 复杂决策具有挑战性还在于需要决策者评估他们考虑的备选

方案的长期影响，而拥有广泛、系统的抽象知识的学者董事拥有较高的专业水平，可以为企业制订的决策方案，提供更加全面和系统的评估视角，他们可以运用严密的逻辑思维和研究方法，有效地评估各种备选方案，最终选择对企业具有长期战略意义的决策方案。

从企业国际化战略决策过程来看，决策者在进行国际化战略决策时面临着三大挑战（Mcdonald et al.，2008）：一是企业国际化经营面临着更加多元化的文化、制度以及竞争环境因素，需要处理大量复杂模糊的信息（Coff，2003），从而导致信息超载；二是为防止错失最佳的海外投资时机，决策者需要在较短时间做出决策，存在时间压力；三是决策者还需要对国际化绩效有长远战略性思考，因为区位市场和海外市场进入模式的选择，或文化冲突等都有可能导致国际化经营失败。所以说，基于以往经验、干中学的决策模式很可能失效，这就要求决策者转向应用抽象知识应对上述三大挑战来寻找解决方案（Zollo & Singh，2004），而拥有较强理论知识体系和抽象能力的学者董事参与国际化战略决策的优势就更容易发挥出来。

相对于其他董事来说，学者董事独一无二的人力资本和社会资本使得他们在应对国际化战略决策带来的挑战时更有三点优势：①学者董事掌握的抽象知识提高了其筛选大量信息的能力，可以帮助他们在错综复杂的模糊信息中分析出问题的因果关系，大大提高他们区别重要信息和非重要信息的能力（Sternberg，1997），可以有效处理国际化战略决策“信息超载”带来的挑战；②学者董事掌握了完善的专业知识体系和严谨的研究方法，具有较强的深层洞察力和判断力，使得他们能够大大减少广泛的认知搜寻过程而找到有效方案，提高处理国际化战略决策相关信息的速度和准确性；③学者董事是拥有广泛、系统抽象知识的专家，有较高的专业水平，可以为制订的决策方案提供更加全面和系统的视角，有效地评估各种备选方案，推荐对企业具有长期战略意义的战略决策方案。

基于上述分析，本章认为，学者董事具备较强理论知识体系和抽象能力，可以在一定程度上弥补企业高管和非学者独立董事知识和经验的不足。Jiang 和 Murphy（2007）指出，与基于经验决策的高管成员不同，具有学术背景的高管成员能够借助理论来帮助他们克服认知能力的不足，更有效地处理复杂和具有高度不确定性的决策问题。此外，学者董事的加入也提高了董事会异质性，正如 Maher 等（2000）所说，学者独立董事善于在企业面临问题时提出“正确的疑问”，这些正确的提问对高管决策有很大的帮助。可见，学者董事有助于企业做出更高质量的国际化战略决策，从而促进企业的国际化经营，提高企业的国际化程度。因此，本章提出以下研究假设 H1a。

研究假设 H1a：相对于没有学者董事的企业，有学者董事企业的国际化程度更高

学者董事在国际化战略决策中究竟可以发挥多大作用，还取决于学者董事在董事会拥有的话语权。以往研究表明掌握话语权在战略决策过程中是至关重要的（Finkelsterin et al.，2009）。作为决策主体的董事会实际上是由不同类型成员组成的，不同类型成员都有自己的目标和偏好（Cyert & March，1963）。不同类型成员的数量和在董事会占据席位的比例在很大程度上影响着他们在参与战略决策的话语权，而且 William（2003）的研究也证明了女性董事数量越多，她们在影响企业决策时的话语权就越强，同样的逻辑，学者董事的数量越多，在董事会占据的席位越多，他们在参与企业国际化战略决策的话语权越强，就越能充分发挥他们独特的人力资本和社会资本，帮助企业有效应对国际化战略决策面临的三大挑战，促进企业开展国际化经营。基于此，本章提出以下研究假设 H1b、H1c。

研究假设 H1b：学者董事数量越多，企业国际化程度越高

研究假设 H1c：学者董事在董事会占据席位比例越高，企业国际化程度越高

三、研究设计与描述性统计分析

（一）样本选择

本章以中国 A 股上市公司为样本，手工收集了上市公司学者董事

的数据，收集步骤如下：

（1）从《上市公司财务数据报告全文汇编》中获得沪、深两市所有A股上市公司名单以及董事会成员名单，根据董事的职业背景筛选出学者董事的名单，对于缺失或遗漏数据，从国泰安数据库和新浪网进行补充。①

（2）根据第一步获取的学者董事名单及个人资料信息中的任职单位，安排两名助研分别到学者董事所在学校或科研院所主页上逐一确认该学者独立董事是否是该高校或科研院所的教职员工，从而确认该董事为“真正”的学者独立董事，而非在高校或科研院所任职的兼职教授、客座教授或名誉教授等，并将其任职的高校或科研院所等信息逐一记录下来。本章剔除了金融类上市公司、当年交易状况为ST、*ST的上市公司以及数据缺失的上市公司。在处理数据时，对自变量进行了滞后一期处理。研究数据主要来自国泰安（CSMAR）数据库和Wind数据库。表5-2列示了各个变量的描述性统计。

表5-2 变量描述性统计

变量	均值	标准差	最小值	最大值
国际化程度	0.04	0.10	0.00	0.36
是否有学者董事	0.74	0.44	0.00	1.00
学者董事数量	1.30	1.06	0.00	7.00
学者董事占比	0.15	0.12	0.00	0.86
是否有985高校学者董事	0.42	0.49	0.00	1.00
985高校学者董事数量	0.56	0.75	0.00	6.00
985高校学者董事占比	0.06	0.08	0.00	0.71
公司规模	21.71	1.14	19.90	24.06
上市年龄	9.55	5.16	1.00	18.00
负债率	0.49	0.21	0.10	0.84
ROA	0.05	0.06	-0.05	0.19

① 由于新良网提供了详细的董事个人资料信息，这有助于进一步确认学者独立董事名单中同各成员是否是“真正”的学者独立董事。

续表

变　量	均　值	标准差	最小值	最大值
所有权性质	0.55	0.50	0.00	1.00
董事会规模	8.99	1.51	6.00	12.00
CEO 两职合一	0.18	0.38	0.00	1.00
董事会独立性	0.36	0.04	0.33	0.44
高管是否曾在高校任职	0.11	0.31	0.00	1.00

（二）研究方法

从上市公司聘请学者董事的实际情况来看，是否要聘请学者董事以及聘请什么类型的学者董事都是企业的内生决策，所以直接对不同类型学者董事与企业国际化程度进行回归分析会产生自选择偏误导致的内生性问题，为了控制自选择偏误所带来的回归结果失真，本章采取 Heckman 两阶段模型来分析学者董事对上市公司国际化程度的影响。

第一阶段采用 Probit 模型建立 Heckman 选择模型来分析影响中国上市公司聘请学者董事的企业特征和董事会特征因素，以上市公司是否聘请学者董事作为因变量，如上市公司聘请了学者董事，则赋值为 1，否则为 0，从而估计出上市公司聘请学者董事的可能性，即计算出米尔斯反比。

第二阶段建立 Heckman 结果回归模型，并将米尔斯反比作为控制变量引入到 Heckman 结果回归模型中，可有效校正学者董事可能存在的自选择偏误问题，进而来分析学者董事对企业国际化程度的影响。

（三）模型设定与变量选取

1. 因变量

国际化程度。国际化程度就是企业跨越国界进入不同市场和区域的扩张程度（Hittet al.，1997），反映了企业海外市场的运营规模与国内运营规模的相对大小，以及在战略方面的重要性（Grant，1987）。本章根据企业国际化程度来判断企业国际化战略决策，采用海外销收入占总收入的比例来衡量国际化程度（Internationalization），数据来自 Wind 数据库。

2. **自变量**

学者董事。具体采用三个指标来衡量学者董事：①是否有学者董事（AC_ D），为虚拟变量，本章根据手工收集的学者独立董事名单最终确定每家样本企业当年聘请的学者独立董事数量，如果数量不为 0，则记为 1，否则记为 0；②学者董事数量：采用当年董事会中学者董事的人数来衡量；③学者董事占比：当年学者董事的人数在董事会成员中所占的比例。

3. **控制变量**

借鉴以往研究，本章在结果模型中控制了企业和董事会两个层面的变量，包括企业规模、上市时间、资产负债率、ROA、产权性质、董事会规模、两职合一、董事会独立性、董事长是否是博士以及高管是否曾在高校任职。在选择模型，借鉴 White 等（2014）研究还控制了董事平均年龄、董事平均学历；此外，以往研究发现，企业更倾向于聘请本地董事（Knyazeva et al., 2013），为了控制公司注册地高校数量对于企业聘请学者独立董事倾向的影响，本章还控制了企业注册地的普通高等学校数量。[①] 本章相关变量定义的详细说明如表 5－3 所示。

表 5－3　相关变量的定义

变量名称		变量定义
因变量	国际化程度	企业当年海外销售收入占总销售收入的比例
自变量	是否有学者董事	企业当年是否有来自普通高校或科研院所的学者董事，是 =1，否 =0
	学者董事数量	企业当年董事会中学者董事的人数
	学者董事占比	企业当年学者董事在董事会中占据席位的比例

① 考虑到各地普通高等学校数量近 10 年内并未发生显著变化，本章以最新（2015 年）普通高等学校在企业注册地的数据作为控制变量的值。

续表

<table>
<tr><th colspan="2">变量名称</th><th>变量定义</th></tr>
<tr><td rowspan="9">控制变量</td><td>企业规模</td><td>企业总资产规模（元），取自然对数</td></tr>
<tr><td>上市年龄</td><td>企业自 IPO 以来经历的时间</td></tr>
<tr><td>资产负债率</td><td>总负债/总资产</td></tr>
<tr><td>ROA</td><td>企业当年资产收益率</td></tr>
<tr><td>所有权性质</td><td>最终控制人为政府或其他事业单位等国有机构时，取值为 1，否则为 0</td></tr>
<tr><td>董事会规模</td><td>企业董事会人数</td></tr>
<tr><td>CEO 两职合一</td><td>企业总经理与董事长是否为同一人，是为 1，否则为 0</td></tr>
<tr><td>董事会独立性</td><td>企业独立董事人数占董事会总人数比例</td></tr>
<tr><td>高管成员是否曾在高校任职</td><td>企业高管团队成员中如有人曾在高校任职，则取值 1，否则取值 0</td></tr>
</table>

资料来源：本章整理。

4. **模型设定**

根据前面的理论分析和研究方法的选择，本章利用 Heckman 两阶段模型来考察学者董事对企业国际化程度的影响，首先采用 Probit 模型建立第一阶段 Heckman 选择模型，具体如下：

$$\text{Ø}^{-1}[p(acdemic\_director_{it})] = \beta_0 + \sum \beta_k Z_{it-1} + \text{industry} + \text{time} + \varepsilon_{it}$$

其中 p（$acdemic\_ director_{it}$）表示 i 上市公司在 t 时间聘请学者董事的概率；$\sum Z_{it-1}$表示一系列影响上市公司聘请学者董事的变量，分别表示 i 上市公司在 $t-1$ 时间的企业规模、上市年龄、资产负债率、ROA、所有权性质、董事会规模、CEO 两职合一、董事会独立性、董事平均年龄、董事平均学历、企业所在地高校数量和高管成员是否曾在高校任职；industry 和 time 分别表示行业和时间哑变量；ε_{it}表示随机误差项。

然后根据第一阶段的回归结果得出的米尔斯反比代入学者董事影响

企业国际化程度的结果回归模型中以控制自选择偏误，建立以下结果回归模型：

$$
\begin{aligned}
\text{Internationalization}_{it} = {} & \alpha_0 + \alpha_1 \text{Internationalization}_{it-1} \\
& + \sum \alpha_k X_{it-1} + \alpha_l \text{Controls}_{it-1} + \alpha_2 \text{InverseMill}_{it-1} \\
& + \text{industry} + \text{time} + \varepsilon_{it}
\end{aligned}
$$

其中 $\text{Internationalization}_{it}$，表示 i 上市公司在 t 时间企业国际化程度；$\text{Internationalization}_{it-1}$表示 i 上市公司在 $t-1$ 时间企业国际化程度；$\sum X_{it-1}$分别表示 i 上市公司在 $t-1$ 时间企业是否有学者董事、学者董事数量和学者董事占比；Controls_{it-1}分别表示 i 上市公司在 $t-1$ 时间的企业规模、上市年龄、资产负债率、ROA、所有权性质、董事会规模、CEO 两职合一、董事会独立性和和高管成员是否曾在高校任职；industry 和 time 分别表示行业哑变量和时间哑变量以控制行业和时间固定效应；ε_{it}表示随机误差项。

四、实证结果与分析

（一）变量之间关系与模型检验

表 5－4 报告了各个变量之间的相关系数，国际化程度与是否有学者董事显著正相关，表明相对于没有学者董事的企业，有学者董事的企业国际化程度更高；国际化程度分别与学者董事数量和占比显著正相关，表明董事会中学者董事数量越多、占比越高，企业的国际化程度越高。此外，国际化程度与是否有 985 高校学者董事显著正相关，表明相对于没有 985 高校学者董事的企业，有 985 高校学者董事的企业国际化程度更高；国际化程度还分别与 985 高校学者董事数量和占比显著正相关，表明董事会中 985 高校学者董事数量越多、占比越高，企业的国际化程度越高。此外，绝大多数变量之间的相关系数绝对值都小于 0.3，表明各个变量之间不存在严重的多重共线性问题。

表 5-4 相关系数矩阵

		1	2	3	4	5	6	7	8
1	国际化程度	1							
2	是否有学者董事	0.038***	1						
3	学者董事数量	0.016*	0.717***	1					
4	学者董事占比	0.019**	0.720***	0.961***	1				
5	是否有985高校学者董事	0.038***	0.503***	0.548***	0.542***	1			
6	985高校学者董事数量	0.031***	0.436***	0.628***	0.610***	0.867***	1		
7	985高校学者董事占比	0.030***	0.431***	0.596***	0.625***	0.858***	0.977***	1	
8	公司规模	0.027***	0.038***	0.108***	0.048***	0.064***	0.080***	0.046***	1
9	上市年龄	-0.073***	-0.026***	0.006	0.003	-0.028***	-0.016*	-0.020**	0.181***
10	负债率	-0.073***	-0.006	0.034***	0.014	-0.013	0.005	-0.005	0.309***
11	ROA	-0.017*	0.023**	0.063***	0.041***	0.049***	0.054***	0.040***	0.304***
12	所有权性质	-0.063***	0.057***	0.080***	0.031***	0.005	0.011	-0.015*	0.315***
13	董事会规模	-0.023**	0.099***	0.177***	-0.035***	0.070***	0.093***	-0.034***	0.276***
14	CEO两职合一	0.054***	-0.018**	-0.042***	-0.012	-0.026***	-0.031***	-0.008	-0.164***

续表

		1	2	3	4	5	6	7	8
15	董事会独立性	0.001	0.019**	0.043***	0.134***	0.029***	0.039***	0.096***	0.003
16	高管是否曾在高校任职	0.016*	-0.013	-0.028***	-0.034***	0.01	-0.002	-0.003	-0.013
		9	10	11	12	13	14	15	16
9	上市年龄	1	1						
10	负债率	0.314***							
11	ROA	-0.059***	-0.235***	1					
12	所有权性质	0.276***	0.191***	0.012	1				
13	董事会规模	0.011	0.105***	0.089***	0.253***	1			
14	CEO 两职合一	-0.150***	-0.113***	-0.024***	-0.247***	-0.151***	1		
15	董事会独立性	-0.013	-0.014	-0.023***	-0.079***	-0.381***	0.078***	1	
16	高管是否曾在高校任职	0.002	-0.029***	0.009	-0.012	0.029***	0.004	-0.028***	1

注：* $p < 0.05$，** $p < 0.01$，*** $p < 0.005$。

（二）实证分析与结果

为了检验研究假设 H1a、H1b 和 H1c，本章采用 Heckman 两阶段模型分析了学者董事对企业国际化程度的影响，结果如表 5－5 所示。

表 5－5　学者董事影响企业国际化程度的结果

变量名称	选择模型	结果模型			
	是否有学者董事	国际化程度			
	模型 1	模型 2	模型 3	模型 4	模型 5
公司规模	－0.031* (0.01)	0.002*** (0.0006)	0.002*** (0.0006)	0.002*** (0.0006)	0.002*** (0.0006)
上市年龄	－0.015*** (0.003)	－0.0003* (0.0001)	－0.0003* (0.0001)	－0.0003* (0.0001)	－0.0003* (0.0001)
负债率	0.016 (0.07)	－0.003 (0.003)	－0.003 (0.003)	－0.003 (0.003)	－0.003 (0.003)
ROA	0.283 (0.22)	－0.018+ (0.01)	－0.018+ (0.01)	－0.018+ (0.01)	－0.018+ (0.01)
所有权性质	0.178*** (0.03)	－0.001 (0.0012)	－0.001 (0.0012)	－0.001 (0.0012)	－0.001 (0.0012)
董事会规模	0.100*** (0.01)	0.0004 (0.0004)	0.0004 (0.0004)	0.0004 (0.0004)	0.0005 (0.0004)
CEO 两职合一	－0.045 (0.03)	0.002+ (0.001)	0.002+ (0.001)	0.002+ (0.001)	0.002+ (0.001)
董事会独立性	1.717*** (0.31)	－0.030* (0.01)	－0.030* (0.01)	－0.031* (0.01)	－0.031* (0.01)
董事平均年龄	－0.017*** (0.003)				
董事平均学历	0.529*** (0.03)				
企业所在地高校数量	0.001* (0.0003)				
高管是否曾在高校任职	－0.060+ (0.04)	－0.002 (0.002)	－0.002 (0.002)	－0.002 (0.002)	－0.002 (0.002)

续表

变量名称	选择模型	结果模型			
	是否有学者董事	国际化程度			
	模型 1	模型 2	模型 3	模型 4	模型 5
米尔斯反比		0.005 (0.004)	0.006 (0.004)	0.005 (0.004)	0.005 (0.004)
国际化程度$_{t-1}$		0.904*** (0.01)	0.904*** (0.01)	0.904*** (0.01)	0.904*** (0.01)
是否有学者董事			0.0016 (0.001)		
学者董事数量				0.0004 (0.0005)	
学者董事占比					0.003 (0.004)
常　数	-1.417*** (0.34)	-0.016 (0.01)	-0.017 (0.01)	-0.016 (0.01)	-0.016 (0.01)
时间效应	控制	控制	控制	控制	控制
行业效应	控制	控制	控制	控制	控制
观测值	16047	11048	11048	11048	11048
R2	—	0.746	0.746	0.746	0.746
F 值	—	877.582	854.616	854.472	854.471
ll	8700	17000	17000	17000	17000

注：+$p<0.1$，*$p<0.05$，**$p<0.01$，***$p<0.005$；括号内数值为标准误。

表 5-5 模型 1 报告了选择模型的结果，所有权性质、董事会规模、董事会独立性、董事会学历和企业所在地高校数量都对企业聘请学者董事的概率有显著正向影响，表明国有企业、董事会规模越大、董事会独立性越强、董事会学历越高，企业所在地高校数量越多，企业聘请学者董事的概率越大，而企业上市年龄和董事会平均年龄则削弱了企业聘请

学者董事的概率。

模型 2 报告了所有控制变量的回归结果，其中上期国际化程度、公司规模、CEO 两职合一都对企业国际化程度有显著正向影响，而企业规模、上市年龄、ROA 和董事会独立性都对企业国际化程度有显著的负向影响。

由模型 3、模型 4 和模型 5 的结果可知，是否有学者董事、学者董事数量和学者董事占比都对企业国际化程度有正向影响，但都没有通过显著性检验，表明企业董事会中的学者董事对企业国际化程度没有显著影响，研究假设 1a、1b 和 1c 都没有得到支持。

（三）稳健性检验

为了确保研究结论的可靠性，更好地揭示学者董事对企业国际化程度的影响，本章采用 PSM 方法来控制自选择偏误导致的内生性问题，选取聘请了学者董事的上市公司作为处理组，没有聘请学者董事的上市公司作为控制组，利用 Probit 模型来估计样本公司聘请学者董事的倾向性得分，采用 1∶1 的最近邻匹配法对处理组（有学者董事的企业）和控制组（无学者董事的企业）对样本数据进行了配对分析后，对回归结果进行了稳健性检验。

由表 5-6 的结果可知，是否有学者董事、学者董事数量和占比对企业国际化程度都没有显著影响，与表 5-5 的结果一致，表明学者董事不能促进企业国际化程度提高的结论是稳健的。

表 5-6　主效应的稳健性检验

变量名称	模型 1	模型 2	模型 3	模型 4
国际化程度$_{t-1}$	0.862*** (0.01)	0.862*** (0.01)	0.862*** (0.01)	0.862*** (0.01)
公司规模	0.001 (0.001)	0.001 (0.001)	0.001 (0.001)	0.001 (0.001)
上市年龄	-0.001*** (0.0002)	-0.001*** (0.0002)	-0.001*** (0.0002)	-0.001*** (0.0002)

续表

变量名称	模型 1	模型 2	模型 3	模型 4
负债率	-0.011** (0.004)	-0.012** (0.004)	-0.012** (0.004)	-0.012** (0.004)
ROA	-0.027+ (0.01)	-0.027+ (0.01)	-0.027+ (0.01)	-0.027+ (0.01)
所有权性质	-0.001 (0.002)	-0.001 (0.002)	-0.001 (0.002)	-0.001 (0.002)
董事会规模	0.0002 (0.0006)	0.0002 (0.0006)	0.0002 (0.0006)	0.0002 (0.0006)
CEO 两职合一	0.005* (0.002)	0.004* (0.002)	0.004* (0.002)	0.005* (0.002)
董事会独立性	-0.019+ (0.02)	-0.018+ (0.02)	-0.019+ (0.02)	-0.020+ (0.02)
高管是否曾在高校任职	-0.0003 (0.002)	-0.0004 (0.002)	-0.0004 (0.002)	-0.0004 (0.002)
是否有学者董事		0.002 (0.001)		
学者董事数量			0.001 (0.001)	
学者董事占比				0.008 (0.007)
常　数	0.052* (0.02)	0.050* (0.02)	0.051* (0.02)	0.051* (0.02)
时间效应	控制	控制	控制	控制
行业效应	控制	控制	控制	控制
观测值	6829	6829	6829	6829
R2	0.641	0.642	0.642	0.642
F 值	331.195	322.611	322.532	322.549
ll	9676.529	9677.753	9677.212	9677.329

注：+$p<0.1$，*$p<0.05$，**$p<0.01$，***$p<0.005$；括号内数值为标准误。

五、高校差异的影响

（一）高校差异的分析

由前面分析可知，学者董事的人力资本和社会资本决定了他们为企业提供资源的能力，根据我们对学者董事的界定可知，学者董事是来自普通高等学校或科研院所的教师或专家，他们所在的高校和学科之间存在较大的差异，进而会影响到他们为企业提供的资源也存在较大差异。根据教育部2015年公布的信息可知，普通高等学校共2553所，其中包含独立设置民办普通高校447所、独立学院275所、中外合作办学7所。从高校建设政策的地位与影响来看，普通高等学校可以分为三类："985工程"高校、"211工程"高校和一般高校。跻身"211工程"高校意味着获得更多的教育资源和广泛的社会认知度，可以吸引和招揽更好的师资与生源，"985工程"高校更是如此（张亚群，2015）。那么来自"985工程"高校、"211工程"高校和一般高校的学者董事拥有的人力资本和社会资本就会存在较大差异，从而导致他们给企业提供的资源也存在较大差异。此外，从学科差异来看，来自不同学科的学者董事掌握的专业知识、理论功底和研究方法，受到的系统训练等也会因为学科差异存在较大的不同，进而导致来自不同学科的学者董事拥有的人力资本和社会资本是异质的。

"985工程"高校因其目标非常明确，旨在打造世界一流和高水平大学，国内只有39所，政府投入巨额资金，三期投入共达906.76亿元人民币（栗晓红、张莉娟，2014），使得"985工程"高校位居中国高校分层结构的顶层，享有雄厚的财政资金和优惠政策的支持，所以相对于其他高校来讲，"985工程"高校能够为教师提供更加完善的福利保障条件、更高水平的科研创新平台、更多的对外学习交流机会，从而吸引更多知名教授和优秀教师来任教（刘强，2015），进而使得"985工程"高校的入职门槛远高于其他高校。可见，"985工程"高校更能够吸引具有更高学术水平的教员加入，所以说，从整体上来看，来自

“985 工程”高校的学者董事拥有的人力资本和社会资本优于来自普通高校的学者董事。

由前面理论分析可知，相对于其他董事，学者董事拥有较强的抽象思维能力、完善的专业知识和严谨的研究方法，在进行复杂决策时能够有效处理信息超载、时间约束和长期战略导向带来的挑战，从而更有利于他们发挥咨询职能。那么，相对于来自“211 工程”高校或一般高校的学者董事，来自“985 工程”高校的学者董事的抽象思维能力相对更强、专业知识相对更完善和分析问题相对更透彻，所以我们认为“985 工程”高校的学者董事有可能在国际化战略决策中更有优势发挥咨询职能，从而有利于促进企业国际化经营。我们抽取来自“985 工程”高校学者董事的上市公司构成新的子样本，重复检验假设 1a、假设 1b 和假设 1c，结果如表 5－7 所示。

表 5－7　985 高校学者董事对企业国际化程度影响的结果

变量名称	模型 1	模型 2	模型 3	模型 4
国际化程度$_{t-1}$	0.904*** (0.01)	0.903*** (0.01)	0.903*** (0.01)	0.903*** (0.01)
公司规模	0.002*** (0.0006)	0.002*** (0.0006)	0.002*** (0.0006)	0.002*** (0.0006)
上市年龄	-0.0003* (0.0001)	-0.0003* (0.0001)	-0.0003* (0.0001)	-0.0003* (0.0001)
负债率	-0.003 (0.003)	-0.003 (0.003)	-0.003 (0.003)	-0.003 (0.003)
ROA	-0.018+ (0.01)	-0.018+ (0.01)	-0.018+ (0.01)	-0.018+ (0.01)
所有权性质	-0.001 (0.001)	-0.001 (0.001)	-0.001 (0.001)	-0.001 (0.001)
董事会规模	0.0004 (0.0004)	0.0004 (0.0004)	0.0005 (0.0004)	0.0004 (0.0004)
CEO 两职合一	0.0024+ (0.0014)	0.0024+ (0.0014)	0.0024+ (0.0014)	0.0024+ (0.0014)

续表

变量名称	模型 1	模型 2	模型 3	模型 4
董事会独立性	-0.030* (0.01)	-0.031* (0.01)	-0.031* (0.01)	-0.031* (0.01)
高管是否曾在高校任职	-0.002 (0.002)	-0.002 (0.002)	-0.002 (0.002)	-0.002 (0.002)
米尔斯反比	0.005 (0.004)	0.006 (0.004)	0.006 (0.004)	0.006 (0.004)
是否有 985 高校学者董事		0.003** (0.001)		
985 高校学者董事数量			0.012* (0.006)	
985 高校学者董事占比				0.0014* (0.0007)
常　数	-0.016 (0.01)	-0.016 (0.01)	-0.017 (0.01)	-0.016 (0.01)
时间效应	控制	控制	控制	控制
行业效应	控制	控制	控制	控制
观测值	11048	11048	11048	11048
R_2	0.746	0.746	0.746	0.746
F 值	877.582	855.106	854.824	854.819
ll	17000	17000	17000	17000

注：$+p<0.1$，$*p<0.05$，$**p<0.01$，$***p<0.005$；括号内数值为标准误。

从表 5-7 看到，模型 2 报告了是否有“985 工程”高校学者董事对企业国际化程度影响的结果，系数为 0.003，并在 1% 水平下通过检验，表明相对于没有 985 高校学者董事的企业，有 985 高校学者董事的企业国际化程度更高。由模型 3 和模型 4 的结果可知，985 高校学者董事的数量和占比都对企业国际化程度有显著的正向影响，系数分别为 0.012 和 0.0014，且都在 5% 水平下通过显著性检验，表明 985 高校学者董事数量越多，占比越高，企业的国际化程度越高。可见，假设 1a、假设 1b 和假设 1c 得到支持。

（二）稳健性检验

为了确保研究结论的可靠性，本章采用前述 PSM 方法对结果进行了稳健性检验。表 5－8 报告了 985 高校学者董事对企业国际化程度影响的稳健性检验结果，由模型 2、模型 3 和模型 4 的结果可知，有 985 高校学者董事的企业国际化程度更高，且在 5% 的水平下通过显著性检验；985 高校学者董事数量和占比都对国际化程度有显著正向影响，且都在 5% 水平下通过显著性检验，与表 5－7 的结果是一致的，表明 985 高校学者董事可以显著促进企业国际化程度提高的研究结论是稳健的。

表 5－8　985 学者董事对国际化程度影响的稳健性检验结果

变量名称	模型 1	模型 2	模型 3	模型 4
国际化程度$_{t-1}$	0.862*** (0.01)	0.861*** (0.01)	0.861*** (0.01)	0.861*** (0.01)
公司规模	0.001 (0.001)	0.001 (0.001)	0.001 (0.001)	0.001 (0.001)
上市年龄	−0.001*** (0.0002)	−0.001*** (0.0002)	−0.001*** (0.0002)	−0.001*** (0.0002)
负债率	−0.011** (0.004)	−0.011** (0.004)	−0.012** (0.004)	−0.012** (0.004)
ROA	−0.027+ (0.01)	−0.027+ (0.01)	−0.027+ (0.01)	−0.027+ (0.01)
所有权性质	−0.001 (0.002)	−0.001 (0.002)	−0.001 (0.002)	−0.001 (0.002)
董事会规模	0.0002 (0.001)	0.0002 (0.001)	0.0003 (0.001)	0.0002 (0.001)
CEO 两职合一	0.005* (0.002)	0.005* (0.002)	0.005* (0.002)	0.005* (0.002)
董事会独立性	−0.019 (0.02)	−0.019 (0.02)	−0.019 (0.02)	−0.019 (0.02)

续表

变量名称	模型 1	模型 2	模型 3	模型 4
高管是否曾在高校任职	-0.0003 (0.002)	-0.0005 (0.002)	-0.0005 (0.002)	-0.0005 (0.002)
是否有 985 高校学者董事		0.003* (0.002)		
985 高校学者董事数量			0.022* (0.01)	
985 高校学者董事占比				0.003* (0.001)
常　数	0.052* (0.02)	0.052* (0.02)	0.052* (0.02)	0.052* (0.02)
时间效应	控制	控制	控制	控制
行业效应	控制	控制	控制	控制
观测值	6829	6829	6829	6829
R2	0.641	0.642	0.642	0.642
F 值	331.195	322.761	322.793	322.771
ll	9676.529	9678.774	9678.993	9678.839

注：+ $p<0.1$，* $p<0.05$，** $p<0.01$，*** $p<0.005$；括号内数值为标准误。

六、结论与启示

（一）研究结论

尽管学者董事是中国上市公司董事会普遍存在，但以往研究较少关注学者董事对企业的影响。本章基于学者董事拥有的独特人力资本和社会资本，探讨了他们给企业带来的独特价值，并基于中国 2006—2014 年 A 股上市公司数据实证考察了学者董事对企业国际化程度的影响，并进一步分析了 985 高校学者董事对企业国际化程度的影响。研究结果表明：学者董事对企业国际化程度没有显著影响，而 985 高校学者董事对企业国际化程度有显著正向影响，一个可能的原因在于由于到 985 高校任职的门槛比较高，而且 985 高校的教育资源和平台相对于其他高校更多更高，进一步促进了学者的学习和提高，这就会使得985高校学者董事的抽象能力相对更强、专业知识相对更完善，基于抽象知识处理信息的能力也相对更强，可以帮助企业有效应对国际化战略决策面临的信息超载、时间压力和长期战略导向等三大挑战，从而有助于企业制定出高质量的国际化战略决策，促进企业国际化经营，提高国际化程度。这也在很大程度上证明了学者董事群体中不同类型的学者董事个体之间是异质的。

本章的贡献主要体现在以下两个方面：一是系统分析了学者独立董事拥有的独特的人力资本和社会资本，为理解和考察学者董事对企业国际化的影响提供了一个新视角；二是本章探讨并考察了学者董事和985高校学者董事对企业国际化程度的影响机制，为洞悉学者董事在董事会所发挥的作用提供了实证依据，补充了现有研究。

（二）启示

本章的研究结论对企业的管理实践具有三点启示：①学者董事，尤其是985高校学者董事拥有丰富的专业知识和抽象能力，他们可以在一定程度提高董事会的认知能力，弥补企业基于经验决策的不足，从而可以提高企业的战略决策质量；②学者董事，尤其是985高校学者董事大都具有博士学位，受过系统的学术训练，他们有助于提高董事会的知识深度，从而可以帮助企业应对复杂的外部环境；③上市公司应该充分认识并重视学者董事在董事会中所能发挥的作用，而不能将这类具有独特价值的群体视为“花瓶”，企业也应该创造良好的条件和环境，保障学者董事充分发挥其独特价值，从而有利于企业获取更多的重要资源促进企业发展。

第六章 海归董事对企业创新的影响分析

一、引 言

随着全球化、新技术革命以及工业化进程的不断加深，大量海归人才回流国内，越来越多海归选择直接创业或加入企业高管团队，海归作为国际技术转移的特殊渠道越来越受到国内外学者的关注。海归拥有先进的知识和技术、国际化视野、广泛的海外关系和信息网络（刘青等，2013），从而通过人力资本效应、溢出效应、网络效应以及竞争效应等（李平等，2011）来引领和促进企业创新（陈怡安，2017），海归群体是国际知识溢出和国际技术转移的重要渠道。从企业微观层面来看，海归群体影响企业创新的研究主要集中在以下两个方面：一是海归创业者对企业创新的影响，主要围绕海归创业者是否优于本土创业者展开研究的（王舒扬和高旭东，2018）；只有极少数学者关注海归创业者群体内部的差异，如王舒扬和高旭东（2018）发现海归创业者的管理技能和技术技能之间存在很强的协同效应，他们的管理技能在一定程度上可以弥补缺乏技术。二是海归担任企业高管或董事对企业创新的影响，如宋建波和文雯（2016）发现海外背景董事促进了企业的专利申请；刘凤朝等（2017）的研究也表明有海外背景高管在高管团队中的占比越高，企业申请的专利就越多；张信东和吴静（2016）也发现海归高管显著促进了企业的技术创新投入和产出。

现有研究对海归高管或董事对企业创新影响的研究做出了重要贡献，提供了坚实的研究基础，然而海归人才是一个群体，群体内部因不同海归在海外求学所学专业不同会导致群体内部差异较大，也就是说，不同类型的海归拥有异质的人力资本和社会资本，就会导致他们给企业带来的资源也存在差异（Lester et al.，2008），最终会对企业创新产生不同的影响。以往研究把海归董事视为同质的，没有区别海归董事个体之间的异质性，并在经验上证明了不同董事因个人知识和技能方面的差异，会对董事会治理效率的影响存在显著差异（Forbes et al.，1999）。那么，这就引发我们思考是否所有的海归董事都能够促进企业创新？还是某一类型的海归董事能够促进企业创新呢？在什么条件下海归董事对企业创新投入的影响更强呢？回答上述问题，有助于我们洞悉和掌握海归董事对企业创新投入的影响机制，也可以进一步明晰"引智"对本土企业创新的作用渠道和实现路径。

众所周知，海归董事在外求学时，不同的海归董事在海外求学时会选择不同高校及专业，那么，来自不同专业的海归董事掌握的专业知识、理论功底和专业技能等也会因为专业不同存在较大差异，所以说导致不同专业背景的海归董事拥有的人力资本和社会资本是异质的，进而导致他们对董事治理效率也不同。为了更好地研究不同类型海归董事对企业创新的影响，本章借鉴 White 等（2014）的方法，根据海归董事的专业背景进一步将其划分为技术型海归董事和非技术型海归董事：将经济、管理、金融、法律、社会学等专业背景的海归董事称为非技术型海归董事，将生物医药、化学、机械、计算机及软件、电子、航空、电力电路、农业、食品、通信、自动化等专业背景的海归董事称为技术型海归董事。相对于非技术型海归董事来讲，技术型海归董事在攻读硕士或博士学位过程中，通过系统学习，构建了专业知识体系，掌握了专业领域比较完善和全面的理论知识，使得他们在专长的技术领域内对关键问题有更广泛、更全面的认识（Sternberg，1997），从而具备较强的科学能力（Arora & Gambardella，1994）。

本章通过人工搜集海归董事的数据，基于高阶理论和知识资源观的整合视角，利用中国上市公司的数据，考察和检验技术型和非技术型海归董事对企业创新的影响机制及其边界条件。研究发现，不是所有的海归董事都能够显著促进企业创新投入。具体来看，非技术型海归董事对企业创新投入没有显著影响，技术型海归董事对企业创新投入有显著正向影响；CEO与董事长两职合一对技术型海归董事与企业创新二者关系有正向调节作用，股权集中度对技术型海归董事与企业创新投入二者关系有负向调节作用，而CEO与董事长两职合一和股权集中度都对非技术型海归董事对企业创新投入的影响没有调节作用。进一步研究发现，在创新活跃度高的企业，只有技术型海归董事能够显著促进企业创新投入，非技术型海归董事对企业创新投入没有显著影响；在创新活动度低的企业，技术型海归董事和非技术型海归董事都对企业创新投入都没有显著影响。

二、理论分析与研究假设

企业的创新活动是一个寻找新元素或者元素重新组合的搜寻过程（Fleming，2001），既包括企业利用现有知识和能力开展的局部搜寻，又包括探索新知识和新机会的远程搜寻，其中前者更强调利用，后者更强调探索（Fleming，2001）。相对于局部搜寻来说，企业开展远程搜寻将面临着更强的不确定性，需要投入更长的反馈时间，但会给企业带来更多的创新机会和更多的回报（张晓棠和安立仁，2015）。由于有限认知（March & Simon，1958）和搜索活动的不确定性，企业容易困于局部搜索而错失远程搜索带来的机会，落入次优均衡甚至能力陷阱（competence trap）（March，1991）。怎样帮助企业进行有效的技术搜索活动，尤其是远程搜索活动，对企业创新至关重要。Arora & Gambardella（1994）提出科学能力能够帮助企业更有效地评估技术信息，发现新的技术组合，减少无效路径（Fleming & Sorenson，2004），从而可以有效提升技术搜索的效率和效果，帮助企业降低创新活动的不确定性：一方面是因为科学能力带来的科学知识可以为企业提供技术搜索的地图（Fleming & Sorenson，2004），基于科学知识对问题本质的理解，科学知识可以改变技术搜索的方向，有利于找到有效的新元素和新组合，提升技术搜寻活动的效率和效果，进而会促进企业创新；另一方面科学能力有助于企业解决技术研发过程中遇到的技术难题，由于技术创新或技术攻关多发生在特定的专业技术领域，在科学能力可以帮助企业利用和整合相关专业技术知识和资源来解决技术研发过程中遇到的技术难题，如 Gibbons & Johnston（1974）的研究就发现工程师会通过检索科学文献来帮助解决工作中遇到技术问题。

以往有关雇佣学习（learning - by - hiring）的研究表明，聘请科技专业人士是企业获取科学能力重要来源（Almeida & Kogut，1999；Hoisl，2007；Jain，2016），因为聘请科技专业人士带来的人力资本流动提供的不仅仅是一次性的技术转移，而且还会深化企业的专业技术知识构建，进而能够促进其拥有的科学能力的转移（Saxenian，2006）。对于技术型海归董事来说，他们在海外攻读硕士或博士学位的过程中，系统学习了相关技术专业知识，他们可以帮助企业获取科学知识、技能和技术（Pavitt，1991；Salter & Martin，2001），所以说，企业聘请的技术型海归董事可以提高企业的科学能力，增强了企业评估技术信息的能力，有助于识别和发现新的技术机会，提高技术搜索的效率和效果，促进企业创新。

技术型海归董事拥有的科学能力通过给企业带来科学知识、帮助企业解决技术创新过程中的技术难题来促进企业创新。具体分析如下：

（1）技术型海归董事拥有的科学能力可以给企业带来科学知识，为企业提供技术搜寻的“地图”或程序化的解决方案空间（Fleming & Sorcnson，2004）。技术型海归董事经过严格的科学学术训练，掌握了前沿的科学知识，了解关键前沿技术发展动态，他们掌握的科学知识有助于他们通过整合和评估不同来源的信息与资源，发现创新性的观点和机会，为企业的技术搜寻过程提供有效“地图”，大大提升技术搜寻活动的效率和效果，不仅能促进企业在基础研究领域实现知识创新，还能帮助企业研发新的技术和产品，最终实现企业的技术创新。

（2）技术型海归董事拥有的科学能力可以帮助企业解决技术研发

过程中遇到的技术问题，例如，药物研发过程的技术问题或电子领域的技术研发问题都需要通过运用专业技术知识来解决（Pavitt，1991），在这些专业领域，技术型海归董事掌握的专业技术知识有助于解决企业在技术研究开发过程中遇到的技术难题。此外，技术型海归董事的科学能力还会帮助他们利用从科学期刊中获取的信息来解决遇到的技术问题（Gibbons & Johnston，1974）。

（3）技术型海归董事还可以利用国外大学网络来获取技术信息和资源促进企业创新，技术型海归董事可以利用他们的海外同学及导师的关系获取相关科学资源和前沿技术信息（Murray，2004），捕捉最新科技动态、获取先进科研成果，从而可以帮助企业较为准确地识别国内与国外的技术差距，迅速发现并抓住创新机会，进而提高技术搜寻效率和效果，促进企业加大创新投入。

根据不同类型海归董事的划分标准可知，非技术型海归董事在海外求学中掌握的专业知识主要来自管理、经济、法律等领域，他们没有学习过相关的技术专业知识，进而也就无法形成科学能力，所以说，非技术型海归董事无法利用科学能力来评估技术信息，而且以往研究表明技术创新多发生在高度专业化的领域，如生物、信息技术、制药、化工、电子等领域（张信东和吴静，2016），在这些领域企业获取的科学能力对技术创新过程至关重要，正如前面所述，技术型海归董事可以凭借拥有的科学能力及掌握的科学知识来评估技术信息，识别创新机会，还可以利用积累的专业技术知识和建立的海外网络资源，来解决创新研发过程中的技术难题，促进企业创新，然而非技术型海归董事因无法利用科学能力来促进企业创新活动的开展。基于此，本章提出以下研究假设1a、1b。

假设1a：技术型海归董事对企业创新投入有显著的正向影响

假设1b：非技术型海归董事对企业创新投入没有显著影响

不同类型的海归董事能在多大程度上影响企业创新投入，还取决于他们在企业创新战略决策的制定中的参与度。（Finkelstein et al.，

2009）。已经有大量研究证明：掌握权力在战略决策过程中是至关重要的（Finkelstein et al.，2009）。因为作为决策主体的董事会成员都有自己的目标和偏好（Cyert & March，1963），那么企业决策就能体现出拥有较强权力成员的偏好。也就是说不同类型海归董事在多大程度上能够参与创新战略决策还取决于董事会权力集中度，董事会权力集中度直接影响企业对风险的偏好和创新意愿，从而使海归董事对企业创新投入的影响起到调节作用。

有关研究表明，相对于 CEO 与董事长两职分离的企业来说，董事长与 CEO 两职合一的企业创新意愿更强，因为两职合一的 CEO 往往对提升企业财务绩效的期望更高（Davidson et al.，2004）。他们有更大的动力通过创新来获取超额利润，所以说两职合一的 CEO 会更加重视和认可技术型海归董事的价值，充分发挥和利用海归董事的科学能力来识别技术创新机会。此外，两职合一的 CEO 更愿意承担风险（Li & Tang，2010），所以两职合一的 CEO 更倾向于制定技术创新决策，那么拥有较强科学能力的技术型海归董事的优势就更容易发挥，从而最终促进企业创新投入更多。相对于技术型海归董事来说，非技术型海归董事因无法利用科学能力来帮助企业有效评估和利用技术信息来识别创新机会。所以说，CEO 与董事长两职合一会增强技术型海归董事对企业创新投入的影响，而对非技术型海归董事对企业创新投入的影响没有调节作用。基于此，本章提出以下研究假设 2a、2b。

假设 2a：CEO 两职合一会增强技术型海归董事对企业创新投入的正向影响

假设 2b：CEO 两职合一不会影响非技术型海归董事和企业创新投入二者之间的关系

股权集中度是大股东对董事会的控制能力的反映，大股东会根据其风险偏好来评估企业的风险及收益，利用他们的控制权优势来影响企业的资源配置决策。以往研究表明（王分棉等，2017），大股东持股比例愈高，其承担的企业特殊风险越高，他们的创新意愿就会越低，而且也会不利于激发企业高管积极主动制定创新导向战略决策的动力和意愿，这自然就会导致董事会对技术型海归董事的独特价值重视不够，进而限制技术型海归董事对企业创新促进作用的发挥。此外，股权集中度较高，可能会导致董事会成员间权力分配不平等，那么董事会中处于弱势地位的人倾向减低参与，保持沉默（Pantel & Cooper，2014），这也将会在一定程度上削弱技术型海归董事参与技术创新战略决策的积极性。基于此，本章认为较高的股权集中度在一定程度上阻碍了技术型海归董事对企业创新投入的正向影响。此外，根据上述分析，由于非技术型海归董事不具备科学能力，那么股权集中度也就自然不会对非技术型海归董事对企业创新投入的影响产生调节作用。因此，本章提出以下研究假设 3a、3b。

假设 3a：股权集中度会削弱技术型海归董事对企业创新投入的正向影响

假设 3b：股权集中度不会影响非技术型海归董事和企业创新投入二者之间的关系

三、研究设计

（一）研究样本与数据来源

本章选取中国 A 股上市公司作为研究样本，人工搜集了董事会中海归董事的数据：

（1）根据《上市公司财务数据报告全文汇编》所有 A 股上市公司的董事会成员名单，根据董事的教育背景筛选出海归董事，并利用国泰安数据库和新浪网对海归董事名单进行核对和补充。

（2）根据获取的海归董事名单，安排两名助研分别将其毕业院校和专业等信息一一记录下来。此外，本章根据下列标准剔除了部分样本：①删除了 ST 和 *ST 公司；②剔除了数据缺失的样本公司；③鉴于难以测度金融类公司的创新绩效，直接剔除了金融类的样本公司。自 2006 年开始，中国大量上市公司才开始披露研发支出数据，此外，为了避免反向因果导致的内生性问题，自变量和控制变量都需要滞后一期，所以本章选取的研究样本时间范围是2005—2014年，最终获得由1951家上市公司的样本数据。表6-1列示了各个变量的描述性统计。

表6-1 描述性统计

变量	均值	标准差	最小值	中位数	最大值
研发强度	3.56	3.90	0.01	3.00	23.69
企业规模	21.71	1.22	19.24	21.56	25.50
上市年龄	8.27	5.83	0.00	8.00	21.00
所有权性质	0.50	0.50	0.00	0.00	1.00
ROA	0.05	0.07	-0.18	0.04	0.27
资产负债率	0.45	0.21	0.05	0.45	0.91
企业成长性	0.10	0.15	-0.21	0.09	0.43
组织冗余	2.32	2.87	0.25	1.39	18.95
行业研发强度	0.03	0.02	0.00	0.02	0.11
行业成长性	0.14	0.12	-0.22	0.13	0.40
董事会规模	9.05	1.83	5.00	9.00	15.00
独董占比	0.37	0.05	0.27	0.33	0.57
股权集中度	0.18	0.12	0.01	0.15	0.56
CEO两职合一	0.21	0.41	0.00	0.00	1.00
技术型海归董事占比	0.09	0.12	0.00	0.09	1.22
技术型海归董事数量	0.78	0.98	0.00	1.00	11.00
非技术型海归董事占比	0.08	0.09	0.00	0.08	0.71
非技术型海归董事数量	0.67	0.77	0.00	1.00	6.00

（二）研究方法

从上市公司聘请董事的实际情况来看，是否要聘请海归董事以及聘请何种类型的海归董事，都是企业的内生决策，所以直接对海归董事与企业创新投入进行回归分析，会产生自选择偏误导致的内生性问题，本章借鉴Wen和Song（2017）的方法，利用PSM（倾向得分匹配）方法来控制自选择偏误导致的内生性问题，选取聘请海归董事的上市公司作为处理组，没有聘请海归董事的上市公司作为控制组，利用 Probit 模型来估计样本公司聘请海归董事的倾向性得分。借鉴以往研究（Giannetti et al.，2015）等，本章选择企业规模、上市时间、所有权性质、ROA、企业成长性、资产负债率、组织冗余、行业研发强度、行业成长性、董事会规模、独董占比、股权集中度和 CEO 两职合一以及时间哑变量作为匹配向量，将采获得的样本接受处理的预测概率作为倾向得分，即 PS 值。在获取 PS 值后，利用最近邻匹配法对处理组和控制组样本进行配对分析，使处理组和控制组两组样本公司董事会是否有海归董事这一特征以外的其他主要特征尽可能相似。

（三）模型构建与研究变量

1. 变量的选取

（1）因变量：企业创新（*Innovation*）。借鉴以往研究（如 Gentry & Shen，2013），本章采用研发强度来衡量企业创新，为了便于讨论结果的回归系数，使用企业年度研发费用占年度销售收入的比值再乘以 100 来衡量研发强度。

（2）解释变量。海归董事是指曾经在中国大陆境外（包括在港澳台地区）的国家或地区有学习经历的董事。从学科分布来看，来自不同学科的学者独立董事掌握的专业知识、理论功底和研究方法等也会因为学科差异存在较大不同，从而导致不同学科的海归董事拥有的人力资本和社会资本也是异质的。具体采用四个指标来衡量海归董事：①非技术型海归董事数量，采用当年董事会中非技术型海归董事人数来衡量；②非技术型海归董事占比，当年非技术型海外背景董事的人数在董事会成员中所占的比例；③技术型海归董事数量，采用当年董事会中技术型海归董事人数来衡量；④技术型海归董事占比，当年技术型海外背景董事的人数在董事会成员中所占的比例。

（3）调节变量。CEO 两职合一：如果上市公司的董事长和 CEO 为同一人，则取值为 1，否则取值为 0。股权集中度：本章借鉴李婧和贺小刚（2012）的方法，采用赫芬达尔指数来衡量前十大股东的所有权集中度，赫芬达尔指数越高表明股权集中度越高。

（4）控制变量。借鉴以往研究（Chen & Miller，2007），本章控制了企业规模、上市年龄、所有权性质、ROA、资产负债率、公司成长性、组织冗余、行业研发强度、行业成长性、董事会规模、独董占比等变量。

2. 模型的构建

本章利用 PSM 方法对董事会中有海归董事的企业和无海归董事的企业进行配对后，将基于匹配后的样本数据进行回归，以进一步分析技术型不同类型海归董事与企业创新投入之间的关系。根据上述分析，本章建立模型（1）来检验研究假设 1a 和 1b：

$$\text{Innovation}_{it} = \alpha_0 + \alpha_j X_{jt-1} + \alpha_2 \sum \text{Controls}_{it-1} + \text{Time} + \text{Industry} + \varepsilon_{it} \tag{1}$$

为了检验研究假设 2a、2b、3a 和 3b，在模型（1）的基础上引入包含交乘项的模型（2）：

$$\text{Innovation}_{it} = \beta_0 + \beta_j X_{jt-1} + \beta_j X_{jt-1} \times K_{jt-1} + \beta_3 \sum \text{Controls}_{it-1} + \text{Time} + \text{Industry} + \varepsilon_{it} \tag{2}$$

其中 X_{jt-1}，分别表示 i 上市公司在 $t-1$ 时期的技术型海归董事的数量和占比、非技术型海归董事的数量和占比；$X_{jt-1} \times K_{jt-1}$ 分别表示 i 上市公司在 $t-1$ 时期的技术型海归董事的数量、占比分别与 CEO 两职合一和股权集中度的交乘项，以及非技术型海归董事的数量、占比分别与 CEO 两职合一和股权集中度的交乘项。

四、实证检验

（一）变量之间关系与模型检验

表 6－2 给出了各个变量之间的相关系数，R&D 强度分别与技术型海归董事数量和占比显著正相关，表明董事会中技术型海归董事数量越

表6-2 相关系数表

		1	2	3	4	5	6	7	8	9
1	研发强度	1								
2	企业规模	-0.255**	1							
3	上市年龄	-0.274**	0.256**	1						
4	所有权性质	-0.260**	0.304**	0.342**	1					
5	ROA	0.065**	0.102**	-0.123**	-0.093**	1				
6	资产负债率	-0.389**	0.361**	0.358**	0.289**	-0.343**	1			
7	企业成长性	0.043**	0.206**	-0.152**	-0.082**	0.384**	0.008	1		
8	组织冗余	0.395**	-0.256**	-0.319**	-0.266**	0.178**	-0.637**	-0.005	1	
9	行业研发强度	0.553**	-0.122**	-0.151**	-0.246**	0.046**	-0.268**	0.077**	0.253**	1
10	行业成长性	-0.019*	-0.104**	-0.121**	0.055**	0.092**	-0.002	0.096**	0.034**	-0.057**
11	董事会规模	-0.136**	0.284**	0.054**	0.286**	0.009	0.164**	0.031**	-0.146**	-0.150**
12	独董占比	0.052**	0.033**	-0.026**	-0.097**	-0.001	-0.035**	0.011	0.049**	0.096**
13	股权集中度	-0.122**	0.260**	-0.167**	0.222**	0.126**	0.001	0.058**	-0.010	-0.085**
14	CEO两职合一	0.164**	-0.159**	-0.199**	-0.287**	0.031**	-0.177**	0.032**	0.182**	0.149**

续表

		1	2	3	4	5	6	7	8	9
15	技术型海归董事占比	0.168**	-0.073**	-0.224**	-0.095**	0.031	-0.194**	0.059**	0.239**	0.137**
16	技术型海归董事数量	0.156**	-0.048*	-0.208**	-0.071**	0.037+	-0.179**	0.056*	0.223**	0.128**
17	非技术型海归董事占比	-0.066**	0.087**	0.040+	0.005	-0.000	0.095**	0.020	-0.069**	-0.071**
18	非技术型海归董事数量	-0.100**	0.156**	0.075**	0.063**	-0.018	0.148**	0.010	-0.110**	-0.106**
		10	11	12	13	14	15	16	17	18
11	董事会规模	0.026**	1							
12	独董占比	-0.011	-0.360**	1						
13	股权集中度	0.042**	0.047**	0.042**	1					
14	CEO 两职合一	-0.006	-0.165**	0.093**	-0.059**	1				
15	技术型海归董事占比	0.08**	-0.195**	0.122**	-0.034	0.070**	1			
16	技术型海归董事数量	0.096**	-0.084**	0.044*	-0.035+	0.045*	0.979**	1		
17	非技术型海归董事占比	0.034	-0.125**	0.094**	0.118**	0.009	-0.219**	-0.237**	1	
18	非技术型海归董事数量	0.033	0.050*	0.014	0.125**	-0.020	-0.247**	-0.251**	0.966**	1

注：$+p<0.1$，$*p<0.05$，$**p<0.01$，$***p<0.005$。

多、占比越高，企业的 R&D 强度越高。R&D 强度分别与非技术型海归董事数量和占比显著负相关，表明董事会中非技术型海归董事数量越多、占比越高，企业的 R&D 强度越低。此外 R&D 强度与企业规模、上市年龄、国有企业、资产负债率、行业成长性、董事会规模、股权集中度显著负相关，表明在企业规模越大、上市年龄越大、资产负债率越高、行业成长性越好、董事会规模越大、股权集中度越高的企业，企业的 R&D 强度就越低；R&D 强度与 ROA、企业成长性、组织冗余、行业研发强度、独董占比、CEO 两职合一显著正相关，说明在 ROA 越大、成长性越高、组织冗余越多、行业研发强度越高、独董占比越高、CEO 两职合一的企业，企业的 R&D 强度就越高。此外，绝大多数变量之间的相关系数绝对值都小于 0.3，表明各个变量之间不存在严重的多重共线性问题。

（二）倾向得分匹配的检验

本章采用了 1:1 的最近邻匹配法对处理组和控制组样本进行了配对分析，表 6－3 给出了特征变量在匹配前后的对比情况，以及匹配的平衡性检验结果。由表 6－3 可知，各个样本特征变量除了 ROA 外，其他特征变量在 PSM 匹配前存在显著差异，而在匹配后不存在显著差异。此外，各个特征变量在匹配之后的标准偏差绝对值都较小。由图 6－1 和图 6－2 可知，有海归董事的处理组和没有海归董事的控制组的特征变量在 PSM 匹配后已经不存在显著差异了，表明本章采用的匹配方法合适且效果较好，所以匹配后的估计结果也比较可靠。

表 6－3　PSM 匹配前后样本特征值

变　量	样本	平均值		标准偏差%	t 检验	
		处理组组	控制组		t 值	P 值
企业规模	匹配前	21.894	21.719	13.6	6.96	0.000
	匹配后	21.894	21.854	3.1	1.17	0.242

续表

变 量	样本	平均值		标准偏差%	t 检验	
		处理组组	控制组		t 值	P 值
上市时间	匹配前	7.295	9.267	-34.8	-17.15	0.000
	匹配后	7.295	7.358	-1.1	-0.42	0.671
所有权性质	匹配前	0.348	0.543	-40.0	-19.16	0.000
	匹配后	0.348	0.331	3.3	1.32	0.186
ROA	匹配前	0.062	0.051	17.0	8.25	0.000
	匹配后	0.062	0.065	-4.7	-1.83	0.067
负债率	匹配前	0.414	0.467	-24.8	-12.19	0.000
	匹配后	0.414	0.405	4.3	1.64	0.100
公司成长性	匹配前	0.121	0.103	12.8	6.16	0.000
	匹配后	0.121	0.122	-0.5	-0.18	0.860
组织冗余	匹配前	2.918	2.091	26.9	14.56	0.000
	匹配后	2.918	3.057	-4.5	-1.45	0.147
行业研发强度	匹配前	0.034	0.027	31.2	15.75	0.000
	匹配后	0.034	0.034	-0.6	-0.23	0.821
行业成长性	匹配前	0.138	0.144	-5.8	-2.79	0.005
	匹配后	0.138	0.136	1.4	0.54	0.587
董事会规模	匹配前	9.104	8.986	6.5	3.17	0.002
	匹配后	9.104	9.045	3.3	1.24	0.216
独董占比	匹配前	0.370	0.366	6.4	3.12	0.002
	匹配后	0.370	0.368	2.6	0.97	0.333
股权集中度	匹配前	0.180	0.169	8.5	4.19	0.000
	匹配后	0.180	0.177	1.8	0.69	0.488
CEO 两职合一	匹配前	0.284	0.189	22.4	11.36	0.000
	匹配后	0.284	0.274	2.5	0.90	0.368

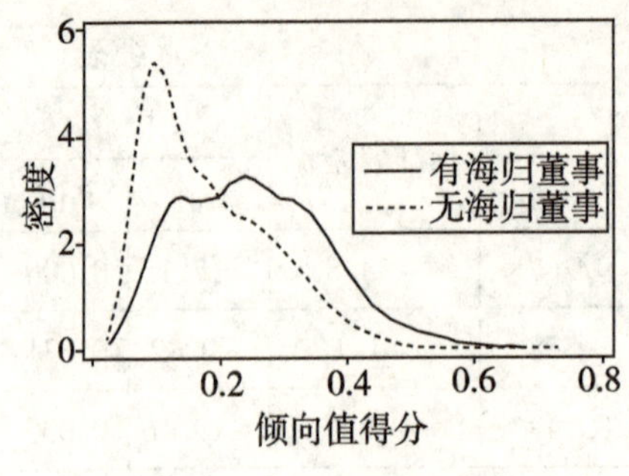

图 6-1 PSM 匹配前

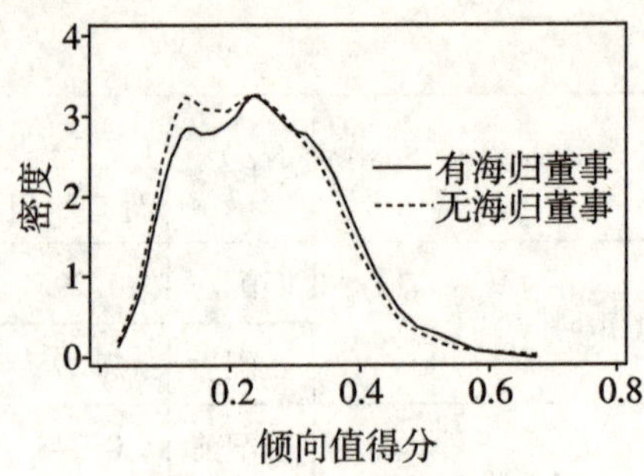

图 6-2 PSM 匹配后

（三）实证结果分析

为了检验研究假设，本章利用 PSM 匹配后的样本数据考察了不同类型海归董事对企业创新投入的影响，结果如表 6-4 所示。表 6-4 模型 1 报告了所有控制变量的回归结果，其中上期研发强度、ROA、组织冗余、行业研发强度都对企业创新有显著正向影响，而行业成长性与企业创新投入有显著的负向影响。

表 6-4 不同类型海归董事对企业创新投入的影响

	模型 1	模型 2	模型 3	模型 4	模型 5
上期研发强度	0.309*** (0.05)	0.150* (0.06)	0.149* (0.06)	0.151* (0.06)	0.151* (0.06)
企业规模	0.120 (0.29)	0.271 (0.37)	0.257 (0.37)	0.205 (0.38)	0.201 (0.38)
上市时间	-1.240 (0.95)	-1.025 (0.83)	-1.009 (0.83)	-0.908 (0.82)	-0.909 (0.82)
所有权性质	-0.131 (0.61)	2.283* (1.07)	2.278* (1.07)	2.258* (1.06)	2.263* (1.06)
ROA	2.492* (1.14)	2.246 (1.82)	2.157 (1.83)	2.176 (1.88)	2.188 (1.88)
负债率	-1.544 (1.05)	-1.597 (1.01)	-1.581 (1.02)	-1.420 (1.02)	-1.425 (1.02)

续表

	模型 1	模型 2	模型 3	模型 4	模型 5
公司成长性	0.288 (0.37)	-0.235 (0.65)	-0.190 (0.66)	-0.101 (0.66)	-0.092 (0.66)
组织冗余	0.127*** (0.04)	0.155*** (0.04)	0.156*** (0.04)	0.169*** (0.04)	0.169*** (0.04)
行业研发强度	29.304** (10.95)	-4.375 (15.62)	-4.186 (15.65)	-4.515 (15.61)	-4.352 (15.59)
行业成长性	-1.097* (0.56)	-1.042 (0.97)	-1.084 (0.97)	-1.010 (0.98)	-0.984 (0.97)
董事会规模	0.041 (0.05)	-0.061 (0.09)	-0.087 (0.09)	-0.053 (0.10)	-0.065 (0.10)
独董占比	-0.625 (1.22)	-3.503 (2.10)	-3.329 (2.12)	-3.214 (2.16)	-3.255 (2.16)
股权集中度	-2.352 (1.51)	-0.609 (2.17)	-0.551 (2.17)	-0.700 (2.15)	-0.683 (2.14)
CEO 两职合一	-0.010 (0.22)	-0.268 (0.39)	-0.265 (0.39)	-0.226 (0.40)	-0.222 (0.40)
技术型海归董事占比		2.764* (1.10)			
技术型海归董事数量			0.287* (0.12)		
非技术型海归董事占比				1.420 (1.10)	
非技术型海归董事数量					0.180 (0.12)
常　数	10.304 (10.65)	8.213 (10.54)	8.566 (10.61)	8.536 (10.68)	8.723 (10.73)
行业效应	控制	控制	控制	控制	控制
时间效应	控制	控制	控制	控制	控制

续表

	模型1	模型2	模型3	模型4	模型5
观测值	3612	1277	1277	1277	1277
ll	-5900	-2000	-2000	-2000	-2000

注：+$p<0.1$，* $p<0.05$，** $p<0.01$，*** $p<0.005$；括号内数值为标准误。

由模型2的结果可知，技术型海归董事占比对企业创新投入有显著正向影响，回归系数为2.764，且在5%水平下通过显著性检验，表明企业董事会中技术型海归董事占有席位的比例越高，企业的创新投入就越多，R&D强度就越高。模型3的回归结果显示，技术型海归董事数量对企业创新投入也有显著正向影响，回归系数为0.287，并在5%水平下通过显著性检验，表明董事会中技术型海归董事数量越多，企业的R&D强度就越高，可见，研究假设1a得到支持。

由模型4和模型5的回归结果可知，非技术型的海归董事在董事会席位占比及数量都对企业创新投入有正向影响，然而都没有通过显著性检验，表明非技术型海归董事对企业创新投入没有显著影响，即研究假设1b得到支持。

本章进一步考察CEO两职合一和股权集中度对不同类型海归董事与企业创新投入二者关系的调节作用，表6-5和表6-6分别报告了CEO两职合一和股权集中度调节效应的回归结果。

由表6-5模型2的回归结果可知，CEO两职合一与技术型海归董事占比交互项的回归系数为5.631，且在0.5%水平下通过显著性检验，表明CEO两职合一对技术型海归董事占比对企业创新投入的影响有显著的正向调节作用；从模型3的回归结果来看，CEO两职合一与技术型海归董事数量交互项的回归系数为0.557，且在0.5%水平下通过显著性检验，表明CEO两职合一对技术型海归董事数量对企业创新投入的影响有正向调节作用，可见，CEO两职合一增强了技术型海归董事对企业创新投入的正向影响，研究假设2a得到支持。根据模型4和模型5的结果可知，CEO两职合一与非技术型海归董事数量及占比的交互项的回归系数都为正，但都没有通过显著性检验，表明CEO两职合一对非技术型海归董事对企业创新投入的影响没有显著的调节效应，研究假设2b得到支持。

表6-5 CEO两职合一的调节效应

	模型1	模型2	模型3	模型4	模型5
上期研发强度	0.309*** (0.05)	0.145* (0.06)	0.145* (0.06)	0.152* (0.06)	0.152* (0.06)
企业规模	0.120 (0.29)	0.263 (0.37)	0.241 (0.38)	0.244 (0.37)	0.238 (0.37)
上市时间	-1.240 (0.95)	-0.915 (0.86)	-0.916 (0.86)	-0.887 (0.85)	-0.894 (0.84)
所有权性质	-0.131 (0.61)	2.251* (1.08)	2.254* (1.07)	2.268* (1.06)	2.273* (1.06)
ROA	2.492* (1.14)	2.702 (1.85)	2.583 (1.86)	2.225 (1.88)	2.253 (1.88)
负债率	-1.544 (1.05)	-1.662 (1.02)	-1.614 (1.02)	-1.432 (1.02)	-1.440 (1.02)
公司成长性	0.288 (0.37)	-0.248 (0.64)	-0.230 (0.64)	-0.121 (0.67)	-0.110 (0.66)
组织冗余	0.127*** (0.04)	0.146*** (0.04)	0.148*** (0.04)	0.168*** (0.04)	0.168*** (0.04)
行业研发强度	29.304** (10.95)	-7.455 (15.68)	-7.242 (15.80)	-3.819 (15.38)	-3.815 (15.35)
行业成长性	-1.097* (0.56)	-1.248 (0.97)	-1.208 (0.97)	-1.034 (0.99)	-0.983 (0.97)
董事会规模	0.041 (0.05)	-0.071 (0.10)	-0.085 (0.10)	-0.053 (0.10)	-0.064 (0.10)
独董占比	-0.625 (1.22)	-3.040 (2.08)	-2.980 (2.12)	-3.419 (2.17)	-3.387 (2.16)

续表

	模型 1	模型 2	模型 3	模型 4	模型 5
股权集中度	-2.352 (1.51)	-0.434 (2.27)	-0.500 (2.27)	-0.505 (2.18)	-0.484 (2.17)
CEO 两职合一	-0.010 (0.22)	-0.940* (0.45)	-0.842 (0.43)	-0.432 (0.50)	-0.419 (0.52)
技术型海归董事占比		-0.267 (1.03)			
技术型海归董事占比×CEO 两职合一		5.631*** (1.63)			
技术型海归董事数量			-0.009 (0.12)		
技术型海归董事数量×CEO 两职合一			0.557*** (0.17)		
非技术型海归董事占比				0.295 (1.05)	
非技术型海归董事占比×CEO 两职合一				2.758 (2.44)	
非技术型海归董事数量					0.079 (0.12)
非技术型海归董事数量×CEO 两职合一					0.292 (0.28)
常　数	10.304 (10.65)	7.873 (10.84)	8.446 (10.88)	7.599 (10.77)	7.832 (10.78)
行业效应	控制	控制	控制	控制	控制
时间效应	控制	控制	控制	控制	控制
观测值	3612	1277	1277	1277	1277
ll	-5900	-2000	-2000	-2000	-2000

注：+$p<0.1$，*$p<0.05$，**$p<0.01$，***$p<0.005$；括号内数值为标准误。

由表6-6模型2的回归结果可知，技术型海归董事与股权集中度占比交互项的回归系数为-12.548，且在10%水平下通过显著性检验，表明股权集中度对技术型海归董事占比对企业创新投入的影响有显著的负向调节作用；从模型3的回归结果来看，技术型海归董事与股权集中度数量交互项的回归系数为-1.365，且在10%水平下通过显著性检验，表明股权集中度对非技术型海归董事数量对企业创新投入的影响有正向调节作用，可见，股权集中度削弱了技术型海归董事对企业创新投入的正向影响，研究假设3a得到支持。

根据模型4和模型5的结果，股权集中度与非技术型海归董事占比及数量的交互项的回归系数都为负数，但也都没有通过显著性检验，表明股权集中度对非技术型海归董事对企业创新投入的影响没有显著的调节效应，研究假设3b得到支持。

表6-6 股权集中度的调节效应

	模型1	模型2	模型3	模型4	模型5
上期研发强度	0.309*** (0.05)	0.150* (0.06)	0.149* (0.06)	0.151* (0.06)	0.151* (0.06)
企业规模	0.120 (0.29)	0.276 (0.37)	0.258 (0.37)	0.210 (0.38)	0.207 (0.38)
上市时间	-1.240 (0.95)	-1.106 (0.83)	-1.081 (0.83)	-0.925 (0.81)	-0.924 (0.81)
所有权性质	-0.131 (0.61)	2.248* (1.06)	2.248* (1.06)	2.263* (1.06)	2.268* (1.06)
ROA	2.492* (1.14)	2.295 (1.81)	2.284 (1.83)	2.202 (1.88)	2.210 (1.88)
负债率	-1.544 (1.05)	-1.637 (1.01)	-1.588 (1.01)	-1.392 (1.02)	-1.404 (1.02)
公司成长性	0.288 (0.37)	-0.259 (0.64)	-0.204 (0.65)	-0.105 (0.66)	-0.096 (0.66)

续表

	模型 1	模型 2	模型 3	模型 4	模型 5
组织冗余	0.127*** (0.04)	0.148*** (0.04)	0.150*** (0.04)	0.169*** (0.04)	0.169*** (0.04)
行业研发强度	29.304** (10.95)	-5.133 (15.68)	-5.007 (15.73)	-3.925 (15.43)	-3.799 (15.41)
行业成长性	-1.097* (0.56)	-1.113 (0.96)	-1.134 (0.97)	-1.003 (0.98)	-0.979 (0.97)
董事会规模	0.041 (0.05)	-0.064 (0.09)	-0.086 (0.09)	-0.052 (0.10)	-0.064 (0.10)
独董占比	-0.625 (1.22)	-3.374 (2.11)	-3.117 (2.14)	-3.231 (2.17)	-3.268 (2.16)
股权集中度	-2.352 (1.51)	0.052 (2.17)	0.058 (2.15)	-0.252 (2.17)	-0.330 (2.13)
CEO 两职合一	-0.010 (0.22)	-0.264 (0.39)	-0.260 (0.39)	-0.228 (0.40)	-0.223 (0.40)
技术型海归董事占比		4.648*** (1.64)			
技术型海归董事占比×股权集中度		-12.548+ (6.63)			
技术型海归董事数量			0.490** (0.18)		
技术型海归董事数量×股权集中度			-1.365+ (0.73)		
非技术型海归董事占比				2.721 (2.80)	
非技术型海归董事占比×股权集中度				-6.339 (8.97)	
非技术型海归董事数量					0.304 (0.31)

续表

	模型 1	模型 2	模型 3	模型 4	模型 5
非技术型海归董事数量×股权集中度					-0.591 (0.98)
常　数	10.304 (10.65)	8.709 (10.45)	8.988 (10.53)	8.428 (10.53)	8.608 (10.61)
行业效应	控制	控制	控制	控制	控制
时间效应	控制	控制	控制	控制	控制
观测值	3612	1277	1277	1277	1277
ll	-5900	-2000	-2000	-2000	-2000

注：$+p<0.1$，$*p<0.05$，$**p<0.01$，$***p<0.005$；括号内数值为标准误。

（四）稳健性检验分析

为了确保核心结论的可靠性，更好地揭示不同类型海归董事对企业创新投入的影响，本章分别采用 1:3 的最近邻匹配法对处理组（有海归董事）和控制组（无海归董事）以及 1:1 的最近邻匹配法对处理组（有技术型海归董事）和控制组（无技术型海归董事）对样本数据进行配对分析，对主效应和调节效应的回归结果进行了稳健性检验。

表 6-7 分别给出了技术型海归董事和非技术型海归董事对企业创新投入的影响，由模型 2 和模型 3，以及模型 7 和模型 8 的结果可知，技术型海归董事对企业创新投入有显著的正向影响，与表 6-4 的主回归分析结果一致。模型 4 和模型 5 以及模型 9 和模型 10 的结果都列示了非技术型海归董事对企业创新投入没有显著影响，与表 6-4 的主回归分析结果也一致，表明技术型海归董事能够促进企业创新投入，而非技术型海归董事不能促进企业创新投入的研究结论是稳健的。

表 6－7　主效应的稳健性检验回归结果

	处理组：是否有海归董事					处理组：是否有技术型海归董事				
	模型 1	模型 2	模型 3	模型 4	模型 5	模型 6	模型 7	模型 8	模型 9	模型 10
上期研发强度	0.366***	0.145*	0.143*	0.145*	0.145*	0.202***	0.190***	0.188***	0.184***	0.184***
	(0.04)	(0.06)	(0.06)	(0.06)	(0.06)	(0.06)	(0.06)	(0.06)	(0.06)	(0.06)
企业规模	−0.028	0.279	0.266	0.214	0.210	−0.083	−0.001	−0.027	−0.046	−0.043
	(0.25)	(0.36)	(0.37)	(0.38)	(0.38)	(0.37)	(0.49)	(0.49)	(0.51)	(0.51)
上市时间	−0.893	−1.005	−0.990	−0.887	−0.888	−1.144	0.433	0.455	0.438	0.446
	(0.64)	(0.83)	(0.84)	(0.82)	(0.82)	(1.61)	(0.36)	(0.36)	(0.38)	(0.38)
所有权性质	−0.188	2.328*	2.323*	2.306*	2.311*	1.375+	1.486	1.487	1.441	1.444
	(0.54)	(1.06)	(1.06)	(1.05)	(1.05)	(1.82)	(1.02)	(1.02)	(1.01)	(1.01)
ROA	2.487***	2.330	2.245	2.281	2.294	1.874	4.186+	4.000+	3.169	3.141
	(0.85)	(1.77)	(1.78)	(1.83)	(1.83)	(1.95)	(2.39)	(2.41)	(2.47)	(2.47)
负债率	−0.697	−1.318	−1.291	−1.110	−1.113	−2.362*	−2.714*	−2.694*	−2.727*	−2.724*
	(0.69)	(0.96)	(0.97)	(0.97)	(0.97)	(1.07)	(1.31)	(1.30)	(1.32)	(1.32)
公司成长性	0.325	−0.330	−0.288	−0.208	−0.200	0.906	0.142	0.254	0.449	0.435
	(0.29)	(0.61)	(0.61)	(0.62)	(0.61)	(0.70)	(0.81)	(0.83)	(0.83)	(0.82)
组织冗余	0.085**	0.156***	0.157***	0.171***	0.171***	0.141***	0.130***	0.131***	0.156***	0.156***
	(0.03)	(0.04)	(0.04)	(0.04)	(0.04)	(0.04)	(0.05)	(0.04)	(0.05)	(0.05)
行业研发强度	26.291***	−0.468	−0.267	−0.834	−0.668	13.984	7.152	8.076	6.582	6.926
	(9.19)	(15.27)	(15.31)	(15.28)	(15.26)	(14.27)	(16.57)	(16.56)	(17.12)	(17.08)
行业成长性	−0.890*	−0.906	−0.941	−0.829	−0.808	−0.805	−1.404	−1.454	−1.064	−1.056
	(0.44)	(0.90)	(0.90)	(0.91)	(0.90)	(1.09)	(1.26)	(1.26)	(1.28)	(1.28)
董事会规模	0.055	−0.062	−0.087	−0.054	−0.066	−0.236	−0.106	−0.199	−0.152	−0.160
	(0.05)	(0.09)	(0.09)	(0.10)	(0.09)	(0.15)	(0.19)	(0.19)	(0.20)	(0.20)

续表

	处理组：是否有海归董事					处理组：是否有技术型海归董事				
	模型 1	模型 2	模型 3	模型 4	模型 5	模型 6	模型 7	模型 8	模型 9	模型 10
独董占比	−0.734 (1.25)	−3.246 (2.02)	−3.073 (2.04)	−2.887 (2.08)	−2.917 (2.07)	−3.326 (2.60)	−3.445 (2.66)	−3.319 (2.65)	−2.513 (2.77)	−2.523 (2.77)
股权集中度	−1.390 (1.52)	−0.642 (1.86)	−0.622 (1.87)	−0.849 (1.92)	−0.836 (1.91)	−1.605 (2.93)	−4.501 (3.47)	−4.142 (3.44)	−3.755 (3.33)	−3.698 (3.32)
CEO 两职合一	0.017 (0.16)	−0.207 (0.36)	−0.205 (0.36)	−0.180 (0.37)	−0.177 (0.37)	−0.079 (0.40)	−0.246 (0.50)	−0.240 (0.51)	−0.152 (0.53)	−0.142 (0.53)
技术型海归董事占比		2.775** (1.06)					4.747*** (1.21)			
技术型海归董事数量			0.288* (0.12)					0.519*** (0.13)		
非技术型海归董事占比				1.434 (1.05)					2.723 (2.06)	
非技术型海归董事数量					0.179 (0.11)					0.337 (0.24)
常　数	2.361 (5.37)	7.483 (10.46)	7.820 (10.53)	7.780 (10.61)	7.966 (10.65)	18.043 (14.42)	3.119 (10.59)	4.242 (10.70)	4.513 (10.97)	4.434 (10.97)
行业效应	控制	控制	控制	控制	控制	控制	控制	控制	控制	控制
时间效应	控制	控制	控制	控制	控制	控制	控制	控制	控制	控制
观测值	5512	1373	1373	1373	1373	1513	898	898	898	898
ll	−9400	−2200	−2200	−2200	−2200	−2200	−1400	−1400	−1400	−1400

注：$+p<0.1$，$*p<0.05$，$**p<0.01$，$***p<0.005$；括号内数值为标准误。

从 CEO 两职合一调节效应的稳健性检验结果来看，表 6 - 8 模型 2 和模型 3 以及模型 7 和模型 8 的结果显示，CEO 两职合一在技术型海归董事与企业创新投入二者关系之间起到了显著的正向调节效应，与表 6 - 5 的主回归分析结果也一致，表明 CEO 两职合一对技术型海归董事对企业创新投入影响的调节效应是稳健的。从模型 4 和模型 5，以及模型 9 和模型 10 的回归结果可知，CEO 两职合一对非技术型海归董事对企业创新投入影响没有显著的调节效应，这也与表 6 - 5 的主回归分析结果也一致。综上，CEO 两职合一增强了技术型海归董事对企业创新投入的影响的研究结论稳健的。

表 6 - 9 给出了股权集中度调节效应的稳健性检验结果。表 6 - 9 的模型 2 和模型 3 列示了股权集中度对技术型海归董事对企业创新投入的影响有显著的负向调节作用，与表 6 - 6 的主回归分析结果一致，而且技术型海归董事占比与股权集中度交互项系数的显著水平由表 6 - 6 的 10% 提高到 5%；从模型 7 和模型 8 的结果来看，技术型海归董事占比与股权集中度交互项、技术型海归董事数量与股权集中度交互项的系数分别为 -8.574 和 -0.948，它们的 P 值分别为 0.20 和 0.21，没有通过显著性检验，其可能的原因在于模型 8 和模型 9 的样本观测值相对较小导致的。[①] 由模型 4 和模型 5，以及模型 9 和模型 10 的结果可知，股权集中度对非技术型海归董事对企业创新投入的影响都没有显著的调节效应，与表 6 - 6 的主回归分析结果也是一致的。可见，股权集中度的调节效应是基本上稳健的。

---

① 本章采用 1:3 最近邻匹配法对处理组（有技术型海归董事）和控制组（无技术型海归董事）对样本数据进行了配对分析后，技术型海归董事占比与股权集中度交互项的系数为 -8.911，P 值为 0.166；技术型海归董事数量与股权集中度交互项的系数为 -1.000，P 值为 0.164。

表 6-8 CEO 两职合一的调节效应稳健性检验

	处理组：是否有海归董事					处理组：是否有技术型海归董事				
	模型 1	模型 2	模型 3	模型 4	模型 5	模型 6	模型 7	模型 8	模型 9	模型 10
上期研发强度	0.366*** (0.04)	0.139* (0.06)	0.139* (0.06)	0.146* (0.06)	0.146* (0.06)	0.202*** (0.06)	0.184*** (0.06)	0.184*** (0.06)	0.186*** (0.06)	0.185*** (0.06)
企业规模	-0.028 (0.25)	0.269 (0.37)	0.250 (0.37)	0.25 (0.37)	0.246 (0.37)	-0.083 (0.37)	0.011 (0.50)	-0.022 (0.50)	-0.004 (0.50)	0.008 (0.50)
上市时间	-0.893 (0.64)	-0.908 (0.86)	-0.908 (0.86)	-0.870 (0.85)	-0.876 (0.84)	-1.144 (1.61)	0.327 (0.36)	0.368 (0.37)	0.423 (0.39)	0.435 (0.39)
所有权性质	-0.188 (0.54)	2.294* (1.06)	2.297* (1.06)	2.313* (1.05)	2.317* (1.05)	1.375+ (0.82)	1.431 (1.02)	1.448 (1.02)	1.446 (1.02)	1.450 (1.02)
ROA	2.487*** (0.85)	2.755 (1.81)	2.638 (1.82)	2.318 (1.83)	2.343 (1.83)	1.874 (1.95)	4.305+ (2.35)	4.116+ (2.38)	3.568 (2.46)	3.625 (2.44)
负债率	-0.697 (0.69)	-1.388 (0.97)	-1.334 (0.97)	-1.123 (0.97)	-1.130 (0.97)	-2.362* (1.07)	-2.854* (1.33)	-2.778* (1.32)	-2.739* (1.30)	-2.763* (1.30)
公司成长性	0.325 (0.29)	-0.360 (0.60)	-0.340 (0.60)	-0.230 (0.62)	-0.218 (0.61)	0.906 (0.70)	0.241 (0.82)	0.270 (0.82)	0.470 (0.84)	0.431 (0.83)
组织冗余	0.085** (0.03)	0.147*** (0.04)	0.149*** (0.04)	0.170*** (0.04)	0.170*** (0.04)	0.141*** (0.04)	0.121** (0.05)	0.124** (0.05)	0.156*** (0.05)	0.155*** (0.05)

续表

	处理组：是否有海归董事					处理组：是否有技术型海归董事				
	模型 1	模型 2	模型 3	模型 4	模型 5	模型 6	模型 7	模型 8	模型 9	模型 10
行业研发强度	26.291*** (9.19)	-3.228 (15.33)	-3.118 (15.47)	-0.125 (15.08)	-0.110 (15.05)	13.984 (14.27)	0.306 (17.44)	2.089 (17.71)	7.728 (16.71)	7.976 (16.62)
行业成长性	-0.890* (0.44)	-1.100 (0.90)	-1.064 (0.90)	-0.841 (0.91)	-0.804 (0.90)	-0.805 (1.09)	-1.479 (1.26)	-1.438 (1.25)	-1.130 (1.32)	-1.122 (1.32)
董事会规模	0.055 (0.05)	-0.066 (0.09)	-0.084 (0.09)	-0.053 (0.10)	-0.065 (0.09)	-0.236 (0.15)	-0.122 (0.19)	-0.189 (0.19)	-0.144 (0.20)	-0.152 (0.20)
独董占比	-0.734 (1.25)	-2.745 (2.00)	-2.694 (2.03)	-3.081 (2.08)	-3.032 (2.07)	-3.326 (2.60)	-2.415 (2.70)	-2.602 (2.71)	-2.745 (2.76)	-2.718 (2.77)
股权集中度	-1.390 (1.52)	-0.757 (2.01)	-0.778 (2.00)	-0.696 (1.93)	-0.697 (1.92)	-1.605 (2.93)	-5.029 (3.46)	-4.809 (3.50)	-3.641 (3.41)	-3.498 (3.38)
CEO 两职合一	0.017 (0.16)	-0.814* (0.40)	-0.721+ (0.39)	-0.376 (0.46)	-0.359 (0.48)	-0.079 (0.40)	-1.153 (0.74)	-0.926 (0.72)	-0.339 (0.59)	-0.327 (0.59)
技术型海归董事占比		-0.042 (0.98)					1.019 (1.48)			
技术型海归董事占比×两职合一		5.323*** (1.57)					5.806* (2.49)			
技术型海归董事数量			0.014 (0.12)					0.188 (0.18)		

续表

	处理组：是否有海归董事					处理组：是否有技术型海归董事				
	模型 1	模型 2	模型 3	模型 4	模型 5	模型 6	模型 7	模型 8	模型 9	模型 10
技术型海归董事数量×两职合一			0.524*** (0.17)					0.512+ (0.27)		
非技术型海归董事占比				0.366 (0.98)					0.717 (1.97)	
非技术型海归董事占比×两职合一				2.652 (2.33)					4.067 (3.62)	
非技术型海归董事数量					0.085 (0.11)					0.140 (0.21)
非技术型海归董事数量×两职合一					0.275 (0.27)					0.497 (0.45)
常　数	2.361 (5.37)	7.259 (10.75)	7.783 (10.79)	6.881 (10.70)	7.130 (10.70)	18.043 (14.42)	4.471 (10.75)	5.324 (10.90)	3.706 (10.84)	3.377 (10.82)
行业效应	控制	控制	控制	控制	控制	控制	控制	控制	控制	控制
时间效应	控制	控制	控制	控制	控制	控制	控制	控制	控制	控制
观测值	5512	1373	1373	1373	1373	1513	898	898	898	898
ll	-9400	-2200	-2200	-2200	-2200	-2200	-1400	-1400	-1400	-1400

注：$+p<0.1$，$*p<0.05$，$**p<0.01$，$***p<0.005$；括号内数值为标准误。

表 6－9　股权集中度的调节效应稳健性检验

	处理组：是否有海归董事					处理组：是否有技术型海归董事				
	模型 1	模型 2	模型 3	模型 4	模型 5	模型 6	模型 7	模型 8	模型 9	模型 10
上期研发强度	0. 366***	0. 144*	0. 143*	0. 145*	0. 145*	0. 202***	0. 189***	0. 187***	0. 184***	0. 183***
	(0. 04)	(0. 06)	(0. 06)	(0. 06)	(0. 06)	(0. 06)	(0. 06)	(0. 06)	(0. 06)	(0. 06)
企业规模	－0. 028	0. 285	0. 269	0. 219	0. 217	－0. 083	0. 010	－0. 019	－0. 046	－0. 042
	(0. 25)	(0. 36)	(0. 36)	(0. 37)	(0. 38)	(0. 37)	(0. 49)	(0. 50)	(0. 51)	(0. 51)
上市时间	－0. 893	－1. 087	－1. 062	－0. 906	－0. 905	－1. 144	0. 391	0. 419	0. 422	0. 436
	(0. 64)	(0. 83)	(0. 83)	(0. 81)	(0. 81)	(1. 61)	(0. 37)	(0. 37)	(0. 39)	(0. 39)
所有权性质	－0. 188	2. 297*	2. 297*	2. 311*	2. 315*	1. 375+	1. 453	1. 462	1. 442	1. 447
	(0. 54)	(1. 05)	(1. 05)	(1. 05)	(1. 05)	(0. 82)	(1. 02)	(1. 02)	(1. 02)	(1. 02)
ROA	2. 487***	2. 399	2. 388	2. 311	2. 319	1. 874	4. 225+	4. 078+	3. 205	3. 181
	(0. 85)	(1. 77)	(1. 78)	(1. 84)	(1. 84)	(1. 95)	(2. 38)	(2. 41)	(2. 48)	(0. 47)
负债率	－0. 697	－1. 326	－1. 272	－1. 079	－1. 089	－2. 362*	－2. 732*	－2. 684*	－2. 634*	－2. 621*
	(0. 69)	(0. 96)	(0. 96)	(0. 97)	(0. 97)	(1. 07)	(1. 31)	(1. 31)	(1. 31)	(1. 31)
公司成长性	0. 325	－0. 377	－0. 325	－0. 216	－0. 207	0. 906	0. 119	0. 241	0. 449	0. 431
	(0. 29)	(0. 60)	(0. 61)	(0. 62)	(0. 61)	(0. 70)	(0. 81)	(0. 82)	(0. 83)	(0. 82)
组织冗余	0. 085**	0. 150***	0. 151***	0. 171***	0. 171***	0. 141***	0. 125**	0. 127**	0. 157***	0. 156***
	(0. 03)	(0. 04)	(0. 04)	(0. 04)	(0. 04)	(0. 04)	(0. 05)	(0. 05)	(0. 05)	(0. 05)

续表

	处理组：是否有海归董事					处理组：是否有技术型海归董事				
	模型 1	模型 2	模型 3	模型 4	模型 5	模型 6	模型 7	模型 8	模型 9	模型 10
行业研发强度	26.291*** (9.19)	-1.349 (15.34)	-1.202 (15.39)	-0.234 (15.13)	-0.089 (15.11)	13.984 (14.27)	6.537 (16.77)	7.383 (16.80)	7.084 (16.88)	7.652 (16.78)
行业成长性	-0.890* (0.44)	-0.926 (0.89)	-0.947 (0.90)	-0.819 (0.91)	-0.798 (0.90)	-0.805 (1.09)	-1.435 (1.26)	-1.467 (1.26)	-1.091 (1.29)	-1.085 (1.28)
董事会规模	0.055 (0.05)	-0.066 (0.09)	-0.089 (0.09)	-0.053 (0.10)	-0.066 (0.09)	-0.236 (0.15)	-0.106 (0.19)	-0.195 (0.19)	-0.151 (0.20)	-0.158 (0.20)
独董占比	-0.734 (1.25)	-3.117 (2.03)	-2.868 (2.06)	-2.905 (2.08)	-2.934 (2.07)	-3.326 (2.60)	-3.281 (2.70)	-3.036 (2.74)	-2.542 (2.76)	-2.508 (2.76)
股权集中度	-1.390 (1.52)	0.100 (1.87)	0.083 (1.86)	-0.296 (1.95)	-0.393 (1.92)	-1.605 (2.93)	-3.546 (3.50)	-3.247 (3.43)	-3.383 (3.31)	-3.221 (3.30)
CEO 两职合一	0.017 (0.16)	-0.216 (0.35)	-0.212 (0.36)	-0.184 (0.37)	-0.180 (0.37)	-0.079 (0.10)	-0.253 (0.50)	-0.246 (0.51)	-0.153 (0.53)	-0.142 (0.53)
技术型海归董事占比		4.624*** (1.58)					5.989*** (1.83)			
技术型海归董事占比×股权集中度		-11.943* (6.01)					-8.574 (6.68)			
技术型海归董事数量			0.489** (0.17)					0.654*** (0.20)		

续表

	处理组：是否有海归董事					处理组：是否有技术型海归董事				
	模型1	模型2	模型3	模型4	模型5	模型6	模型7	模型8	模型9	模型10
技术型海归董事数量×股权集中度			-1.311+ (0.67)					-0.948 (0.76)		
非技术型海归董事占比				2.79 (2.64)					4.291 (3.67)	
非技术型海归董事占比×股权集中度				-6.549 (8.35)					-9.002 (10.42)	
非技术型海归董事数量					0.312 (0.29)					0.552 (0.44)
非技术型海归董事数量×股权集中度					-0.623 (0.91)					-1.201 (1.31)
常　数	2.361 (5.37)	7.950 (10.36)	8.223 (10.45)	7.664 (10.45)	7.839 (10.53)	18.043 (14.42)	3.075 (10.58)	4.115 (10.72)	4.523 (10.98)	4.314 (10.94)
行业效应	控制	控制	控制	控制	控制	控制	控制	控制	控制	控制
时间效应	控制	控制	控制	控制	控制	控制	控制	控制	控制	控制
观测值	5512	1373	1373	1373	1373	1513	898	898	898	898
ll	-9400	-2200	-2200	-2200	-2200	-2200	-1400	-1400	-1400	-1400

注：$+p<0.1$，$*p<0.05$，$**p<0.01$，$***p<0.005$；括号内数值为标准误。

五、企业创新活跃度的分析

根据上述分析可知，技术型海归董事促进了企业的创新投入，然而由于不同行业技术的重要性存在显著差异，进而导致各行业在技术创新上的投入也相应不同（鲁桐、党印，2014），如信息技术行业相对于农林牧渔等行业创新机遇更多，这些行业的企业的创新活跃度也相对较高。由此引发我们进一步思考：不同类型的海归董事对创新投入的影响是否会受到企业创新活跃度的影响呢？基于此，本章根据企业研发强度将样本企业划分为低创新活跃度子样本和高创新活跃子样本，来进一步考察不同类型海归董事对企业创新投入的影响，结果如表6－10所示。

表6－10　低创新活跃度企业的回归结果

变　量	模型1	模型2	模型3	模型4	模型5
上期研发强度	0.234* (0.10)	0.427*** (0.10)	0.428*** (0.10)	0.425*** (0.10)	0.422*** (0.10)
企业规模	0.467 (0.32)	0.331 (0.21)	0.333 (0.21)	0.334 (0.21)	0.334 (0.21)
上市时间	－0.490+ (0.26)	0.004 (0.23)	0.013 (0.22)	0.003 (0.24)	0.004 (0.24)
所有权性质	－0.102 (0.43)	—	—	—	—
ROA	－1.170 (1.23)	0.489 (1.52)	0.495 (1.52)	0.490 (1.51)	0.486 (1.51)
负债率	－3.109+ (1.78)	－0.835 (0.66)	－0.848 (0.66)	－0.853 (0.67)	－0.877 (0.67)
公司成长性	0.574 (0.47)	0.384 (0.48)	0.379 (0.48)	0.366 (0.48)	0.364 (0.48)
组织冗余	－0.065 (0.04)	0.000 (0.05)	－0.001 (0.05)	－0.000 (0.05)	－0.000 (0.05)
行业研发强度	28.829** (10.82)	13.444 (9.62)	13.381 (9.61)	13.568 (9.50)	13.717 (9.44)

续表

变　量	模型1	模型2	模型3	模型4	模型5
行业成长性	-0.835+ (0.46)	-0.568 (0.73)	-0.577 (0.72)	-0.554 (0.72)	-0.533 (0.72)
董事会规模	-0.039 (0.04)	-0.068 (0.07)	-0.065 (0.07)	-0.066 (0.07)	-0.071 (0.07)
独董占比	-1.991+ (1.14)	-2.407 (2.01)	-2.376 (2.00)	-2.445 (1.97)	-2.511 (1.96)
股权集中度	1.488 (1.45)	-1.050 (1.01)	-1.053 (1.01)	-1.060 (0.99)	-1.053 (0.98)
CEO两职合一	-0.147 (0.25)	0.110 (0.13)	0.116 (0.13)	0.113 (0.13)	0.117 (0.13)
技术型海归董事占比		-0.009 (0.86)			
技术型海归董事数量			-0.033 (0.11)		
非技术型海归董事占比				0.346 (0.62)	
非技术型海归董事数量					0.066 (0.07)
常　数	-1.822 (6.76)	-5.252 (4.33)	-5.339 (4.31)	-5.312 (4.28)	-4.622 (4.57)
行业效应	控制	控制	控制	控制	控制
时间效应	控制	控制	控制	控制	控制
观测值	1575	507	507	507	507
ll	-1700	-311.609	-311.475	-311.384	-311.001

注：$+p<0.1$，$*p<0.05$，$**p<0.01$，$***p<0.005$；括号内数值为标准误。

由表6-10的回归结果可知，与总体样本的回归结果不同，技术型海归董事占比和数量都对低创新活跃度企业的创新投入有负向影响，但均未通过显著性检验；非技术型海归董事对低创新活跃度企业的创新投入有正向影响，但也都没有通过显著性检验。

与低创新活跃度子样本回归结果不同的是，技术型海归董事占比和数量都对高创新活跃度企业的创新投入有显著正向影响，且都在0.5%水平下通过显著性检验。由表6－11模型2的结果可知，技术型海归董事占比的回归系数为4.541，由表6－4模型2的回归结果可知，技术型海归董事占比在总样本的回归系数为2.764，并在5%水平下通过显著性检验。可见，在高创新活跃度企业中，技术型海归董事占比对企业创新投入的影响作用更大，显著性水平也更高。表6－11模型3报告了技术型海归董事数量对企业创新投入的影响，其回归系数为0.504，且在0.5%水平下通过显著性检验，而技术型海归董事占比在总样本中的回归系数为0.287，在5%水平下通过显著性检验，表明在高创新活跃度企业，技术型海归董事数量对企业创新投入的正向影响更大，显著性水平也提升了。

由表6－11模型4和模型5可知，非技术型海归董事对企业创新投入有正向影响，但没有通过显著性检验，与表6－4总样本的回归结果一致，表明在高创新活跃度企业中，非技术型海归董事对企业创新投入没有显著影响。

表6－11　高创新活跃度企业的回归结果

变　量	模型1	模型2	模型3	模型4	模型5
上期研发强度	0.195*** (0.05)	0.145* (0.07)	0.142+ (0.07)	0.149* (0.07)	0.148* (0.07)
企业规模	0.345 (0.41)	0.474 (0.63)	0.428 (0.63)	0.302 (0.67)	0.303 (0.67)
上市时间	－1.391 (1.39)	－1.597 (1.18)	－1.564 (1.18)	－1.326 (1.13)	－1.337 (1.14)
所有权性质	0.136 (0.99)	2.219* (1.09)	2.231* (1.09)	2.248* (1.10)	2.255* (1.10)
ROA	5.353*** (1.80)	3.041 (2.86)	2.930 (2.87)	2.600 (2.94)	2.604 (2.94)

续表

变　量	模型 1	模型 2	模型 3	模型 4	模型 5
负债率	-1.586 (1.14)	-4.223* (1.99)	-4.164* (2.00)	-3.356 (2.00)	-3.374 (2.00)
公司成长性	-0.404 (0.62)	-0.828 (1.07)	-0.715 (1.08)	-0.358 (1.09)	-0.360 (1.08)
组织冗余	0.155*** (0.04)	0.148** (0.05)	0.149** (0.05)	0.178*** (0.05)	0.178*** (0.05)
行业研发强度	4.147 (17.42)	-25.715 (26.85)	-25.854 (27.03)	-22.481 (26.81)	-21.922 (26.82)
行业成长性	-0.552 (0.98)	-1.368 (2.08)	-1.416 (2.08)	-1.049 (2.17)	-1.014 (2.17)
董事会规模	0.135 (0.09)	-0.033 (0.20)	-0.085 (0.20)	-0.050 (0.21)	-0.071 (0.21)
独董占比	1.017 (1.91)	-2.110 (4.30)	-1.797 (4.36)	-2.896 (4.63)	-2.797 (4.62)
股权集中度	-3.236 (2.17)	-3.249 (6.05)	-2.936 (6.05)	-2.207 (6.07)	-2.110 (6.06)
CEO 两职合一	0.205 (0.33)	-0.606 (0.65)	-0.595 (0.65)	-0.538 (0.66)	-0.529 (0.67)
技术型海归董事占比		4.541*** (1.32)			
技术型海归董事数量			0.504*** (0.15)		
非技术型海归董事占比				3.291 (2.21)	
非技术型海归董事数量					0.414 (0.25)
常　数	5.247 (12.27)	9.167 (15.76)	10.259 (15.94)	10.957 (16.46)	11.093 (16.52)
行业效应	控制	控制	控制	控制	控制

续表

变　量	模型 1	模型 2	模型 3	模型 4	模型 5
时间效应	控制	控制	控制	控制	控制
观测值	2037	770	770	770	770
ll	-3500	-1400	-1400	-1400	-1400

注：$+p<0.1$，$*p<0.05$，$**p<0.01$，$***p<0.005$；括号内数值为标准误。

综上可知，在中国上市公司，尤其是在高创新活跃度的公司，真正能够促进企业创新投入的海归董事是技术型海归董事，非技术型海归并不能够有效促进企业的创新投入，可见，不同类型海归董事对企业创新投入的影响存在较大差异。

六、研究结论

本章基于董事个体异质性的视角，分析和考察了不同类型海归董事对企业创新投入的影响机制及其边界条件，研究发现：①技术型海归董事对企业创新投入有显著的正向影响，而非技术型海归董事对企业创新投入没有显著影响。相对于非技术型海归董事来说，技术型海归董事拥有的深厚的专业技术知识积累，有助于提升董事会的科学能力，帮助企业有效评估和利用技术信息，识别创新机会，突破技术难题降低创新风险，从而促进企业加大创新投入。②CEO 两职合一增强了技术型海归董事对企业创新投入的正向影响，CEO 两职合一的企业创新意识和承担风险的意愿都更强，CEO 制定和执行创新战略的可能性会更高，所以拥有较强科学能力的技术型海归董事就更容易凸显和发挥他们的独特价值和优势。③股权集中度越高，一方面会降低企业的创新意愿；另一方面因大股东的控制权优势会使得技术型海归董事选择保持沉默，也可能会使他们的观点不能得到足够的重视，所以股权集中度削弱了技术型海归董事对企业创新投入的正向影响。④创新活跃度高的企业一直高度重视技术创新活动，所以更有利于技术型海归董事发挥他们独特价值和优势，从而可以促进企业加大创新投入；而创新活跃度第的企业往往对技术创新不够，技术型海归董事发挥他们独特价值的机会和空间也会被大大削弱，就很难在董事会发挥他们应用的价值，那么自然也就不能有效促进企业的创新投入了。

本章的研究结果表明，不同类型的海归董事对企业创新的影响存在着较大差异，其中真正能够促进企业创新投入的董事是拥有较强科学能力的技术型海归董事，这也在很大程度上证明了海归董事个体之间拥有异质性的人力资本和社会资本，进而对企业创新战略产生不同的影响，这和 Forbes 等（1999）提出不同董事在个人知识和技能方面的差异会对董事会治理的影响存在显著差异的观点是一致的。

参考文献

[1]陈春花,朱丽,宋继文.学者价值何在?高管学术资本对创新绩效的影响研究[J].经济管理,2018,40(10):92-105.

[2]陈凌,陈华丽.家族涉入,社会情感财富与企业慈善捐赠行为——基于全国私营企业调查的实证研究[J].管理世界,2014(8):90-101.

[3]陈仕华,马超.企业间高管联结与慈善行为一致性——基于汶川地震后中国上市公司捐款的实证研究[J].管理世界,2011(12):87-95.

[4]陈守明,唐滨琪.高管认知与企业创新投入——管理自由度的调节作用[J].科学学研究,2012(11):1723-1734.

[5]陈怡安.中国海归回流企业家精神的空间溢出效应研究[J].世界经济文汇,2017(3):102-120.

[6]陈运森,谢德仁.网络位置、独立董事治理与投资效率[J].北京:管理世界,2011(7):113-127.

[7]戴亦一,潘越,冯舒.中国企业的慈善捐赠是一种"政治献金"吗?——来自市委书记更替的证据[J].经济研究,2014,49(2):74-86.

[8]戴亦一,肖金利,潘越."乡音"能否降低公司代理成本?——基于方言视角的研究[J].经济研究,2016(12):147-160+186.

[9]冯根福,温军.中国上市公司治理与企业技术创新关系的实证分析[J].中国工业经济,2008(7):91-101.

[10]高勇强,陈亚静,张云均."红领巾"还是"绿领巾":民营企业慈善捐赠动机研究[J].管理世界,2012(8):106-114+146.

[11]郭成林,王莉雯,祁豆豆.中国独董生态调查:高校学者占40%政府协会背景占20%[N].上海证券报,2014-7-29.

[12]胡元木.技术独立董事可以提高R&D产出效率吗?——来自

中国证券市场的研究[J]. 南开管理评论,2012(4):136-142.

[13]金智,宋顺林,阳雪. 女性董事在公司投资中的角色[J]. 会计研究,2015(5):80-86.

[14]鞠晓生,卢荻,虞义华. 融资约束、营运资本管理与企业创新可持续性[J]. 经济研究,2013(1):4-16.

[15]况学文,彭迪云,林妮. 女性董事改善T公司财务绩效吗?——基于我国上市公司的经验证据[J]. 江西社会科学,2012(4):218-223

[16]李健,蒲晓敏. 企业社会责任披露水平、会计透明度与权益资本成本的关系研究——来自中国消费者敏感型行业上市公司的经验证据[J]. 郑州航空工业管理学院学报,2016,34(1):55-61.

[17]李婧,贺小刚. 股权集中度与创新绩效:国有企业与家族企业的比较研究[J]. 商业经济与管理,2012(10):40-51.

[18]李平,许家云. 金融市场发展、海归与技术扩散:基于中国海归创办新企业视角的分析[J]. 南开管理评论,2011,14(2):150-160.

[19]李长娥,谢永珍. 产品市场竞争、董事会异质性对技术创新的影响——来自民营上市公司的经验证据[J]. 华东经济管理,2016,30(8):115-123.

[20]刘诚,杨继东,周斯洁. 社会关系、独立董事任命与董事会独立性[J]. 北京:世界经济,2012(12):83-101.

[21]刘春,李善民,孙亮. 独立董事具有咨询功能吗?——异地独董在异地并购中功能的经验研究[J]. 北京:管理世界,2015(3):124-136.

[22]刘凤朝,默佳鑫,马荣康. 高管团队海外背景对企业创新绩效的影响研究[J]. 管理评论,2017,29(7):135-147.

[23]刘浩,唐松,楼俊. 独立董事:监督还是咨询?——银行背景独立董事对企业信贷融资影响研究[J]. 管理世界,2012(1):141-156.

[24]刘青,张超,吕若思,等. "海归"创业经营业绩是否更优:来自中国民营企业的证据[J]. 世界经济,2013,36(12):70-89.

[25]鲁桐,党印. 公司治理与技术创新:分行业比较[J]. 经济研究,

2014(6):115-128.

[26]陆瑶,李茶.CEO对董事会的影响力与上市公司违规犯罪[J].金融研究,2014(1):176-191.

[27]吕英,王正斌,安世民.女性董事影响企业社会责任的理论基础和实证研究述评[J].外国经济与管理,2014,36(8):14-22+32.

[28]曲亮,谢在阳,郝云宏,等.国有企业董事会权力配置模式研究——基于二元权力耦合演进的视角[J].中国工业经济,2016(08):127-144.

[29]沈艺峰,王夫乐,陈维."学院派"的力量:来自具有学术背景独立董事的经验[J].北京:经济管理,2016,38(5):176-186.

[30]宋建波,文雯.董事的海外背景能促进企业创新吗?[J].中国软科学,2016(11):109-120.

[31]宋渊洋,李元旭、王宇露.企业资源、所有权性质与国际化程度——来自中国制造业上市公司的证据[J].管理评论,2011(2):53-59+92.

[32]孙光焰.董事会独立性之惑与董事分类选举制度的构建[J].北京:北京社会科学,2017(11):70-80.

[33]王分棉,耿慧芳,周煊.企业多元化经营程度与慈善捐赠——基于利益相关者识别理论的视角[J].北京工商大学学报(社会科学版),2019,34(5):114-126.

[34]王分棉,原馨.学者独立董事的选聘机制研究——人力资本和社会资本的视角[J].经济管理,2019,41(2):90-106.

[35]王分棉,于振,周煊.女性董事的职能及影响:文献述评与研究展望[J].北京工商大学学报(社会科学版),2017,32(6):69-79.

[36]王舒扬,高旭东.何种人力资本对海归创业者更有效:管理还是技术?[J].科研管理,2018,39(2):1-9.

[37]王雪莉,马琳,王艳丽.高管团队职能背景对企业绩效的影响:以中国信息技术行业上市公司为例[J].南开管理评论,2013(8):80-93.

[38]谢绚丽,赵胜利.中小企业的董事会结构与战略选择——基于中国企业的实证研究[J].管理世界,2011(1):101-111+188.

[39]徐菁.企业社会责任信息披露对权益资本成本的影响研究[D].长沙:湖南大学论文,2013.

[40]许年行,李哲.高管贫困经历与企业慈善捐赠[J].经济研究,2016,51(12):133-146.

[41]杨锴,赵希男,周岩.治理能力优势多样性导向的独立董事选聘研究[J].北京:经济管理,2018(2):55-71.

[42]叶继英.董事会性别多元化与股价信息含量[J].妇女研究论丛,2014(1):96-106.

[43]约瑟夫·熊彼特.经济发展理论——对于利润、资本信贷、利息和经济周期的考察[M].何畏,等译北京:商务印书馆,1990.

[44]张建君,张闫龙.董事长—总经理的异质性、权力距离和融洽关系与组织绩效——来自上市公司的证据[J].管理世界,2016(1):110-120+188.

[45]张敏,马黎珺,张雯.企业慈善捐赠的政企纽带效应——基于我国上市公司的经验证据[J].管理世界,2013(7):163-171.

[46]张娜.女性董事对企业绩效影响的实证研究——来自中国973家上市公司的证据[J].妇女研究论丛,2013,(4):38-48.

[47]张晓棠,安立仁.双元创新搜索、情境分离与创新绩效[J].北京:科学学研究,2015(8):1240-1250.

[48]张信东,吴静.海归高管能促进企业技术创新吗?[J].科学学与科学技术管理,2016,37(1):115-128.

[49]赵龙凯,岳衡,矫堃.出资国文化特征与合资企业风险关系探究[J].经济研究,2014(1):70-82+154.

[50]赵向阳,李海,孙川.中国区域文化地图:“大一统”抑或“多元化”?[J].管理世界,2015(2):101-119+187.

[51]周建,金媛媛,刘小元.董事会资本研究综述[J].外国经济与管理,2010(12):27-35.

[52]周铭山,张倩倩.“面子工程”还是“真才实干”?——基于政治晋

升激励下的国有企业创新研究[J].管理世界,2016(12):116－132＋187.

[53]周煊,孟庆丽,刘晓辉.女性董事对企业社会责任履行的影响——以慈善捐赠为例[J].北京工商大学学报(社会科学版),2016,31(4):72－80.

[54]周泽将,胡琴,修宗峰.女性董事与经营多元化[J].管理评论,2015,27(4):132－143.

[55]祝继高,叶康涛,严冬.女性董事的风险规避与企业投资行为研究——基于金融危机的视角[J].财贸经济,2012(4):50－58.

[56]Adams R B & Ferreira. Women in the Boardroom and Their Impact on Governance and Performance[J]. Journal of Financial Economics, 2009, 94(2):291 - 309.

[57]Ahuja G, Lampert C M & TandonV. Moving Beyond Schumpeter: Management Research on the Determinants of Technological Innovation[J]. The Academy of Management Annals, 2008, 2(1):1－98.

[58]Allen M R, Adomdza G K & Meyer M H. Managing for Innovation: Managerial Control and Employee Level Outcomes[J]. Journal of Business Research, 2015, 68(2):371－379.

[59]Almeida P & Kogut B. Localization of knowledge and the mobility of engineers in regional networks[J]. Management Science, 1999, 45(7): 905－917.

[60] Amidu M, Abor J. Gender and the composition of corporate boards: A Ghanaian study[J]. Indian Journal of Gender Studies, 2006, 13(1):83－95.

[61]Anderson R C, D M Reeb, A Upadhyay, & W Zhao. The Economics of Director Heterogeneity[J]. Financial Management, 2011, 40(1):5－38.

[62] Arora A & Gambardella A. Evaluating technological information and utilizing it: Scientific knowledge, technological capability, and external linkages in biotechnology[J]. Journal of Economic Behavior & Organization,

1994, 24(1), 91 - 114.

[63] Bantel K A & Jackson S. Top Management and Innovations in Banking: Does the Composition of the Top Team Make a Difference? [J]. Strategic Management Journal, 1989(10):107 - 124.

[64] Bart, Chris, McQueen, et al. Why women make better directors[J]. International Journal of Business Governance & Ethics, 2013, 8(1):93 - 99.

[65] Batt R. Managing Customer Services: Human Resource Practices, Quit Rates, and Sales Growth[J]. The Academy of Management Journal, 2002, 45(3):587 - 597.

[66] Bear S, Rahman N, Post C. The Impact of Board Diversity and Gender Composition on Corporate Social Responsibility and Firm Reputation[J]. Journal of Business Ethics, 2010, 97(2):207 - 221.

[67] Bernstein S. Does Going Public Affect Innovation? [J]. Journal of Finance,2015, 70(4):1365 - 1403.

[68] Boulouta I. Hidden Connections: The Link Between Board Gender Diversity and Corporate Social Performance[J]. Journal of Business Ethics, 2013, 113(2):185 - 197.

[69] Brown J R, SMFazzari & BCPetersen. Financing Innovation and Growth: Cash Flow, External Equityand the1990s R & D Boom[J]. Journal of Finance, 2009,64(1):151 - 185.

[70] Brown J R & Petersen B C. Cash Holdings and R & D Smoothing[J]. Journal of Corporate Finance, 2011, 17(3):694 - 709.

[71] Bunderson J S & KMSutcliffe. Comparing Alternative Conceptualizations of Functional Diversity in Management Teams: Process and Performance Effects[J]. Academy of Management Journal, 2002, 45(5):875 - 875.

[72] Bunderson. Recognizing and Utilizing Expertise in Work Groups: A Status Characteristics Perspective [J]. Administrative Science Quarterly, 2003, 48(4):557 - 591.

[73]Burgess Z, Tharenou P. Women Board Directors: Characteristics of the Few[J]. Journal of Business Ethics, 2002, 37(1):39-49.

[74]Campbell K, Mínguez-Vera A. Gender Diversity in the Boardroom and Firm Financial Performance[J]. Journal of Business Ethics, 2008, 83(3):435-451.

[75]Campbell L, Gulas CS & Gruca, Corporate Giving Behavior and Decision-Maker Social Consciousness[J]. Journal of Business Ethics, 1999, 19(4):375-383.

[76]Carpenter M A. The Implications of Strategy and Social Context for the Relationship between Top Management Team Heterogeneity and Firm Performance[J]. Strategic Management Journal, 2002, 23(3):275-284.

[77]Carter D A, Simkins B J, Simpson W G. Corporate Governance, Board Diversity, and Firm Value[J]. Financial Review, 2003, 38(1):33-53.

[78]Chen X P & Li S. Cross-National Differences in Cooperative Decision-Making in Mixed-Motive Business Contexts: The Mediating Effect of Vertical and Horizontal Individualism[J]. Journal of International Business Studies, 2005, 36(6):622-636.

[79]Chin M K & Semadeni M. CEO Political Ideologies and Pay Egalitarianism within Top Management Teams[J]. Strategic Management Journal, 2017,38(8):1608-1625.

[80]Chin M K, Hambrick D C & Treviño L K. Political Ideologies of CEOs: The Influence of Executives' Values on Corporate Social Responsibility[J]. Administrative Science Quarterly, 2013, 58(2):197-232.

[81]Cho T S & Hambrick D. Attention as the Mediator Between Top Management Team Characteristics and Strategic Change: The Case of Airline Deregulation[J]. Organization Science, 2006, 17(4):453-469.

[82]Coff R. Bidding Wars over R & D-Intensive Firms: Knowledge,

Opportunism, and the Market for Corporate Control[J]. Academy of Management Journal, 2003, 46(1):74 – 86.

[83]Coffey B S, Fryxell G E. Institutional Ownership of Stock and Dimensions of Corporate Social Performance: An Empirical Examination[J]. Journal of Business Ethics, 1991, 10(6):437 – 444.

[84]Coffey B S & Wang. Board Diversity and Managerial Control as Predictors of Corporate Social Performance[J]. Journal of Business Ethics, 1998, 17(14):1595 – 1603.

[85]Cohen W M & D A Levinthal. Absorptive capacity: A New Perspective on Learning and Innovation[J]. Administrative Science Quarterly, 1990, 35(1):128 – 152.

[86]Cohen B P & X Zhou. Status Processes in Enduring Work Groups[J]. American Sociological Review, 1991, 56(2):179 – 188.

[87]Coles J L, N D Daniel & L Naveen. Boards: Does one Size Fit all? [J]. Journal of Financial Economics, 2008, 87(2):329 – 356.

[88]Cornaggia J, Y Mao, X Tian & B Wolfe. Does Banking Competition Affect Innovation? [J]. Journal of Financial Economics, 2015, 115(1):189 – 209.

[89]Crossland C & Hambrick D. How National Systems Differ in Their Constraints on Corporate Executives: A study of CEO effects in Three Countries[J]. Strategic Management Journal, 2007, 28(8):767 – 789.

[90]Cumming, Denoon R. The philosophy of Jean – Paul Sartre[M]. Routledge, 2012.

[91]Cyert R & March J R. A Behavioral Theory of the Firm[M]. Prentice – Hall, Englewood Cliffs, NJ, 1963.

[92]DaftR L & Weick K E. Toward a Model of Organizations as Interpretation Systems [J]. The Academy of Management Review, 1984(9): 284 – 29

[93]Dahlin K B, L RWeingart & P JHinds. Team Diversity and Information Use [J]. Academy of Management Journal, 2005, 48(6):1107 -23.

[94]Dai O, Liu X. Returnee entrepreneurs and firm performance in Chinese high - technology industries [J]. International Business Review, 2009, 18(4):373 -386.

[95]Daily C M, Dan R D. Women in the boardroom: a business imperative[J]. Journal of Business Strategy, 2003, 24(5).

[96]Dasgupta P & P David. Toward a New Economics of Science[J]. Research Policy, 1994, 23(5):487 -521.

[97]David A, Cater, etc. The Gender and Ethnic Diversity of US Boards and Board Committees and Firm Financial Performance[J]. Corporate Governance: An International Review, 2010, 18(5):396 -414.

[98]Davidson W N, Jiraporn P,Kim Y S, et al. Earnings management following duality—creating successions: Ethnostatistic, impression management,and agency theory[J]. Academy of Management Journal,2004,47(2): 267 -275.

[99]Davis G F. Agents Without Principles? The Spread of the Poison Pill Through the Intercorporate Network[J]. Administrative Science Quarterly, 1991, 36, (4):583 -613.

[100]Davison A G, B W Stening & W T Wai. Auditor Concentration and the Impact of Interlocking Directorates[J]. Journal of Accounting Research, 1984, 22(1):313 -317.

[101]Eagly A H, Johnson B T. Gender and leadership style: A meta - analysis[J]. Psychological Bulletin, 1990, 108(2):233 -256.

[102]Eagly A H, Karau S J & Makhijani. Gender and the Effectiveness of Leaders: A Meta - Analysis [J]. Psychological Bulletin, 1995, 117 (125):125 -145.

[103]Earley P C & MosakowskiE. Creating Hybrid Team Cultures: An

Empirical Test of Transnational Team Functioning[J]. Academy of Management Journal, 2000, 43:26 – 49.

[104] ElronE. Top Management Teams within Multinational Corporations: Effects of Cultural Heterogeneity[J]. Leadership Quarterly, 1997, 8 (4) :393 – 412.

[105] England G W. Personal value systems of American managers[J]. Academy of Management Journal, 1967, 10:53 – 68.

[106] Finkelstein S, Hambrick D C & Cannella AA. Strategic Leadership: Theory and Research on Executives, Top Management Teams and Boards[M]. Oxford University Press, 2009.

[107] Finkelstein S. Power in Top Management Teams: Dimensions, Measurement, and Validation[J]. Academy of Management Journal, 1992, 35(3):505 – 538.

[108] Flatt S. A Longitudinal Study in Organizational Innovativeness: How Top Management Team Demography Influences Organizational Innovation[M]. Unpublished Ph. D. dissertation, University of California, Berkeley, CA, 1992.

[109] Fleming L. Recombinant Uncertainty in Technological Search[J]. Management Science, 2001, 47(1):117 – 132.

[110] Fleming L, Sorenson O. Science as a Map in Technological Search[J]. Strategic Management Journal, 2004, 25(8 – 9):909 – 928.

[111] Forbes D P, Milliken F J. Cognition and corporate governance: Understanding boards of directors as strategic decision – making groups[J]. Academy of Management Review, 1999, 24(3):489 – 505.

[112] Francis B, Hasan I & Q Wu. Professors in the Boardroom and Their Impact on Corporate Governance and Firm Performance[J]. Financial Management, 2015, 44(3):547 – 581.

[113] Galbreath. Are There Gender – Related Influences on Corporate Sustainability? A Study of Women on Boards of Directors[J]. Journal of Man-

agement & Organization, 2011, 17(1):17 -38.

[114]Gavetti G, H R Greve & D A Levinthal. The Behavioral Theory of the Firm: Assessment and Prospects[J]. Academy of Management Annals, 2012, 6(1):1 -40.

[115]Gentry J & Shen W. The Impacts of Performance Relative to Analyst Forecasts and Analyst Coverage on Firm R & D Intensity[J]. Strategic Management Journal, 2013, 34(1) :121 -130.

[116]Gentry J & Shen W. The impacts of performance relative to analyst forecasts and analyst coverage on firm R &D intensity[J]. Strategic Management Journal, 2013, 34(1) :121 -130.

[117]Giannetti M, Liao G, Yu X. The brain gain of corporate boards: Evidence from China[J]. The Journal of Finance, 2015,70(4):1629 -1682.

[118]Gibbons M & Johnston R. The roles of science in technological innovation[J]. Research Policy, 1974, 3(3):220 -242.

[119]Godfrey. The Relationship Between Corporate Philanthropy and Shareholder Wealth: A Risk Management Perspective[J]. Academy of Management Review, 2005, 30(4):777 -798.

[120]Golden B R & E J Zajac. When will Boards Influence Strategy? Inclination x Power = Strategic Change[J]. Strategic Management Journal, 2001, 22:1087 -1111.

[121]Gong Y. The Impact of Subsidiary Top Management Team Nationality Diversity on Subsidiary Performance: Knowledge and Legitimacy Perspectives[J]. Management International Review, 2006, 46(6):771 -789.

[122]Granovetter M. Economic Action and Social Structure: The Problem of Embeddedness[J]. American Journal of Sociology, 1985, 91(3):481 -510.

[123]Grant R M. Multinationality and Performance among British Manufacturing Companies[J]. Journal of International Business Studies, 1987,

18(3):79 -89.

[124]Groysberg B & Bell. Dysfunction in the Boardroom[J]. Harvard Business Review, 2013, 91(9):89 -97.

[125]Gul F A, Srinidhi B, Ng A C. Does board gender diversity improve the informativeness of stock prices? [J]. Journal of Accounting & Economics, 2011, 51(3):314 -338.

[126]Gupta A, Briscoe F & Hambrick D. Evenhandedness in Resource Allocation: Its Relationship with CEO Ideology, Organizational Discretion, and Firm Performance [J]. Academy of Management Journal, 2018, 61(5): 1848 -1868.

[127]Hambrick D C, ChoT S & Chen M J. The Influence of Top Management Team Heterogeneity on Firms' Competitive Moves[J]. Administrative Science Quarterly, 1996, 41(4):659 -84.

[128]Hambrick D C. Upper Echelons Theory: An Update[J]. Academy of Management Review, 2007, 32(2):334 -343.

[129]Hambrick D Z, Meinz E J, Oswald F L. Individual differences in current events knowledge: Contributions of ability, personality, and interests[J]. Memory & Cognition, 2007, 35(2):304 -16.

[130]Hambrick D C & P A Mason. Upper Echelons: The Organization as a Reflection of its Top Managers[J]. Academy of Management Review, 1984, 9(2):193 -206.

[131]Harrison D A, Price K H, Gavin J H, & Florey A T. Time, Teams, and Task Performance: Changing Effects of Surface - and Deep - level Diversity on Group Functioning[J]. Academy of Management Journal, 2002, 45:1029 -1045.

[132]Haunschild P R. Interorganizational Imitation: The Impact of Interlocks on Corporate Acquisition Activity[J]. Administrative Science Quarterly, 1993, 38(4):564 -592.

[133]Higgins E T & D C Molden. How strategies for making judgments and decisions affect cognition: Motivated cognition revisited[J]. Foundations of Social Cognition: A Festschrift in Honor of Robert S. Wyer, Jr, 2003 211 - 235.

[134]Hillman A J & T Dalziel. Boards of Directors and Firm Performance: Integrating Agency Theory and Resource Dependence Perspectives[J]. Academy of Management Review, 2003, 28(3):383 - 396.

[135]Hillman A J, Nicholson G, Shropshire C. Directors' Multiple Identities, Identification, and Board Monitoring and Resource Provision[J]. Organization Science, 2008, 19(3):441 - 456.

[136]Hillman A J & Keim G D. Shareholder Value, Stakeholder Management, and Social Issues: What's the Bottom Line? [J]. Strategic Management Journal, 2001, 22(2):125 - 139.

[137]Hillman A J & Cannella. Organizational Predictors of Women on Corporate Boards[J]. Academy of Management Journal, 2007, 50(4):941 - 952.

[138]Hitt M A, R E Hoskisson, & H Kim. International Diversification: Effects on Innovation and Firm Performance in Product - Diversified Firms[J]. Academy of Management Journal, 1997, 40(4):767 - 798.

[139]Hofstede G. Cultures and Organizations: Software of the Mind [M]. Mc Graw - Hill: New York, 2005.

[140]Hofstede G. Culture's Consequence: Comparing Values, Behaviors, Institutions and Organizations Across Nationsed[M]. Thousand Oaks, CA: SagePublications, 2001.

[141]Hogg M A & Terry D J. Social Identity and Self - categorization Processes in Organizational Contexts[J]. Academy of Management Review, 2000, 25(1):121 - 140.

[142]Hoisl K. Tracing mobile inventors—The causality between inventor

mobility and inventor productivity[J]. Research Policy, 2007, 36(5):619 -636.

[143]House, Robert J Vipin Gupta, Peter W Dorfman, Mansour Javidan, & Paul J Hanges. Culture, Leadership, and Organizations: The GLOBE Study of 62 Societies [M]. Thousand Oaks, CA: Sage Publications, 2004.

[144]Hsu P, X Tian & Y Xu. Financial Development and Innovation: Cross - Country Evidence[J]. Journal of Financial Economics, 2014, 112 (1):116 -135.

[145]Ibarra, Arana M A, Patricio M. Biological parameters of the burrowing crayfish, Parastacus pugnax (Poeppig, 1835), in Tiuquilemu, Bío - Bío Region, Chile[J]. Latin American Journal of Aquatic Research, 2012, 40(2):418 -427.

[146]Ibrahim N A & Angelidis. Effect of Board Members' Gender on Corporate Social Responsiveness Orientation[J]. Journal of Applied Business Research (JABR),1994, 10(1):35 -40.

[147]Ireland R D, Hitt M A & Sirmon D G. A Model of Strategic Entrepreneurship: The Construct and its Dimensions [J]. Journal of Management, 2003, 29(6):963 -989.

[148]Jain A. Learning by hiring and change to organizational knowledge: Countering obsolescence as organizations age[J]. Strategic Management Journal, 2016, 37(8):1667 -1687.

[149]Jensen, Meckling. Theory of Firm - Managerial Behavior, Agency Costs and Ownership Structure[J]. Journal of Financial Economic, 1976, 3 (4):305 -360.

[150]Jia M & Zhang. Critical Mass of Women on BODs, Multiple Identities, and Corporate Philanthropic Disaster Response: Evidence from Privately Owned Chinese Firms[J]. Journal of Business Ethics, 2013, 118(2):303 -317.

[151]Jiang B & P J Murphy. Do Business School Professors Make Good Executive Managers? [J]. Academy of Management Perspectives, 2007, 21

(3):29-50.

[152]Judge W Q & Zeithaml. Institutional and Strategic Choice Perspectives on Board Involvement in the Strategic Decision Process[J]. The Academy of Management Journal, 1992, 35(4):766-794.

[153]Kanter. Men and Women of the Corporation Revisited[J]. Management Review, 1987, 76(3):14-16.

[154]Kanter. Some Effects of Proportions on Group Life[J]. American Journal of Sociology, 1977, 82(5):965-990.

[155]Kaplan S. Cognition, Capabilities, and Incentives: Assessing Firm Response to the Fiber-Optic Revolution[J]. Academy of Management Journal, 2008, 51(4):672-695.

[156]Kato T & CLong. CEO Turnover, Firm Performance and Enterprise Reform in China: Evidence from Micro Data[J]. Journal of Comparative Economics, 2006, 34(4):796-817.

[157]Klette T J. R&D, Scope Economies, and Plant Performance[J]. Rand Journal of Economics, 1996, 27(3):502-522.

[158]Knyazeva A, D Knyazeva & R W Masulis. The Supply of Corporate Directors and Board Independence[J]. The Review of Financial Studies, 2013, 26(6):1561-1605.

[159]Kor Y Y & Mahoney J T. How Dynamics, Management, and Governance of Resource Deployments Influence Firm-level Performance[J]. Strategic Management Journal, 2005, 26(5):489-496.

[160]Kruger P. Corporate Social Responsibility and the Board of Directors[R]. Working Paper (Job Market Paper). Toulouse School of Economics, Toulouse, 31 May 2010.

[161]Lawrence B S. The Black Box of Organizational Demography[J]. Organization Science, 1997, 8(1):1-22.

[162]Lee P M. Ownership Structures and R&D Investments of U. S.

and Japanese Firms: Agency and Stewardship Perspectives[J]. Academy of Management Journal, 2003, 46(2):212-225.

[163] Lester R H, Hillman A, Zardkoohi A & Cannella A. Former Government Officials as Outside Directors: The Role of Human and Social Capital[J]. Academy of Management Journal, 2008, 51(5):999-1013.

[164] Levi M, Li K, Zhang F. Director gender and mergers and acquisitions[J]. Journal of Corporate Finance, 2013, 28(C):185-200.

[165] Levinthal D A & J G March. The Myopia of Learning[J]. Strategic Management Journal, 1993, 14(8):95-113.

[166] Li J, Tang Y. CEO hubris and firm risk taking in China: The moderating role of managerial discretion[J]. Academy of Management Journal, 2010, 53(1):45-68.

[167] Li, X & Liang. A Confucian Social Model of Political Appointments Among Chinese Private Entrepreneurs[J]. Academy of Management Journal, 2015, 58(2):592-617.

[168] Linck J S, M Netter J & T Yang. The Determinants of Board Structure[J]. Journal of Financial Economics, 2008, 87(2):308-328.

[169] Lundeberg J, Bondesson L, Hedrum A, et al. Microtiter assay for colorimetric detection of in vitro amplified Chlamydia trachomatis sequences[J]. Infectious Diseases, 1994, 26(3):275-282.

[170] Maher P M, M C Munro & F L Stormer. Building a Better Board: Six Keys to Enhancing Corporate Director Performa-nce[J]. Strategy & Leadership, 2000, 28(5):1-3.

[171] March J. Exploration and exploitation in organizational learning[J]. Organization Science, 1991, 2(1):71-87.

[172] Marx. Women and Human Services Giving[J]. Social Work, 2000, 45(1):27-38.

[173] McDonald M L, J D Westphal & M E Graebner. What Do They

Know? The Effects of Outside Director Acquisition Experience on Firm Acquisition Performance[J]. Strategic Management Journal, 2008, 29(11):1155 – 1177.

[174]McElhaney. A Strategic Approach to Corporate Social Responsibility[J]. Leader to Leader, 2009, 2009(52):30 – 36.

[175]McWilliams A, Siegel D S & Wright P M. Corporate Social Responsibility: Strategic Implications[J]. Journal of Management Studies, 2006, 43(1):1 – 18.

[176]Mellahi K, Frynas J G, Sun P & Siegel. A Review of the Nonmarket Strategy Literature: Toward a Multi – Theoretical Integration[J]. Journal of Management, 2016, 42(1):143 – 173.

[177]Michel J & D Hambrick. Diversification Posture and Top Management Team Characteristics[J]. Academy of Management Journal, 1992, 35(1):9 – 37.

[178]Morck R, Nakamura M, Shivdasani A. Banks, Ownership Structure, and Firm Value in Japan[J]. Journal of Business, 2000, 73(4):539 – 567.

[179]Nekhili M, Gatfaoui H. Are Demographic Attributes and Firm Characteristics Drivers of Gender Diversity? Investigating Women's Positions on French Boards of Directors[J]. Journal of Business Ethics, 2013, 18(2):227 – 249.

[180]Nielsen B B & Nielsen S. Top Management Team Nationality Diversity and Firm Performance: A Multilevel Study[J]. Strategic Management Journal, 2013, 34(3):373 – 382.

[181]Nielsen S, Huse M. The Contribution of Women on Boards of Directors: Going beyond the Surface[J]. Corporate Governance: An International Review, 2010, 18(2):136 – 148.

[182]Norton E C, H Wang & C Ai. Computing Interaction Effects and Standard Errors in Logit and Probit Models[J]. The Review of Financial

Studies, 2004, 4(2):154 –167.

[183]Ocasio W. Towards an Attention – based View of the Firm[J]. Strategic Management Journal, 1997, 18(Summer Special Issue):187 –206.

[184]Oh H, G Labianca & M Chung. A Multilevel Model of Group Social Capital[J]. Academy of Management Journal, 2004, 31(3):569 –582.

[185]Olson J F & M T Adams. Composing a Balanced and Effective Board to Meet New Governance Mandates[J]. Business Lawyer, 2004, 59(2):421 –452.

[186]Organ D & O' Flaherty B. Intuitive Decision – making and Deep Level Diversity in Entrepreneurial ICT Teams [J]. Journal of Decision Systems, 2016, 25(1):421 –435.

[187]Palmer D A, P D Jennings & X G Zhou. Late Adoption of the Multidivisional Form by Large U. S. Corporations: Institutional, Political, and Economic Accounts[J]. Administrative Science Quarterly, 1993, 38(1):100 –131.

[188]Pan Y, Sparks J R. Predictors, consequence, and measurement of ethical judgments: Review and meta – analysis[J]. Journal of Business Research, 2012, 65(1):84 –91.

[189]Parboteeah K P, Hoegl M, Cullen J B. Managers' gender role attitudes: a country institutional profile approach[J]. Journal of International Business Studies, 2008, 39(5):795 –813.

[190]Patel P, Cooper D. Structural power equality between family and non – family TMT members and the performance of family firms[J]. Academy of Management Journal, 2014, 57(6):1624 –1649.

[191]Pavitt K. What makes basic research economically useful? [J]. Research Policy, 1991, 20(2), 109 –119.

[192]Pfeffer J. Size and Composition of Corporate Boards of Directors: The Organization and its Environment[J]. Administrative Science Quarterly,

1972, 17(2):218 -228.

[193]Pfeffer J & G R Salancik. The External Control of Organizations: A Resource - Dependence Perspective [M]. Harper & Row: New York, 1978.

[194]Post C, Byron K. Women on boards and firm financial performance: A meta - analysis[J]. Academy of Management Journal, 2015, 58 (5):1546 -1571.

[195]Qian C, Cao Q & Takeuchi R. Top Management Team Functional Diversity and Organizational Innovation in China: The Moderating Effects of Environment[J]. Strategic Management Journal, 2013, 34(1):110 -120.

[196]Qiu J & Wan C. Technology Spillovers and Corporate Cash Holdings [J]. Journal of Financial Economics, 2015, 115(3):558 -573.

[197]Rose C. Does female board representation influence firm performance? The Danish evidence[J]. Corporate Governance : An International Review, 2007, 15(2):404 -413.

[198]Rose N L & A Shepard. Firm Diversification and CEO Compensation: Managerial Ability or Executive Entrenchment? [J]. Rand Journal of Economics, 1997, 28(3):489 -514.

[199]Salter A, MartinB R. The economic benefits of publicly funded basic research: A critical review[J]. Research Policy, 2001,30(3):509 -532.

[200] Saxenian A L. The New Argonauts: Regional Advantage in a Global Economy[M]. Cambridge: Harvard University Press, 2006.

[201]Schwartz S. A Theory of Cultural Values and some Implications for Work [J]. Applied Psychology: An International Review, 1999, 48(1):23 -47.

[202] Simon, Herbert A. Administrative behavior[M]. New York: Free Press, 1945.

[203]Srinidhi B, Gul F A, Tsui J. Female Directors and Earnings Quality[J]. Contemporary Accounting Research, 2011, 28(5):1610 -1644.

[204]Sternberg R J. Cognitive conceptions of expertise[J]. International Journal of Expert Systems, 1997, 7(1):149 – 162.

[205]Sternberg R J. Cognitive conceptions of expertise[J]. International Journal of Expert Systems, 1997, 7(1):149 – 162.

[206]Tang Y, J T Li. How CEO Hubris Influences Firm Innovation: An Attention – based View [C]. Strategic Management Society Conference, 2010, Rome, Italy.

[207]Taras V, Rowney J &Steel P. Half a Century of Measuring Culture: Review of Approaches, Challenges, and Limitations Based On the Analysis of 121 Instruments of Quantifying Culture[J]. Journal of International Management, 2009, 15(4):357 – 373.

[208]Tjosvold D, Law K S & Sun H. Effectiveness of Chinese Teams: the Role of Conflict Types and Conflict Management Approaches[J]. Management and Organization Review, 2006, 2(2):231 – 252.

[209]Trinidad C, Normore A H. Leadership and gender: a dangerous liaison? [J]. Leadership & Organization Development Journal, 2005, 26(7):574 – 590.

[210]Wen W & Song J. Can returnee managers promote CSR performance? Evidence from China[J]. Frontiers of Business Research in China, 2017, 11(3):12.

[211]Westphal J D. Collaboration in the Boardroom: The Consequences of Social Tiesin the CEO/Board Relationship[J]. Academyof Management Journal, 1999, 42(1):7 – 24.

[212]Westphal, James D & Ithai Stern. The other pathway to the boardroom: Interpersonal influence behavior as a substitute for elite credentials and majority status in obtaining board appointments[J]. Administrative Science Quarterly, 2006, 51(1):169 – 204.

[213]Yadav M S. Managing the Future: CEO Attention and Innovation

Outcomes[J]. Journal of Marketing, 2007, 71(4):84 - 101.

[214]Zhou K Z, C K BYim, & D KTse. The Effects of Strategic Orientations on Technology - and Market - based Breakthrough Innovations[J]. Journal of Marketing, 2005, 69(2) :42 - 60.

[215]Zollo M & H Singh. Deliberate Learning in Corporate Acquisitions: Post - Acquisition Strategies and Integration Capability in U. S. Bank Mergers[J]. Strategic Management Journal, 2004, 25(13):1233 - 1256.